JN409000

대산 종사의
『대적공실(大積功室)』 법문해의

대산 종사 법문
오광익 해의

배문사

대산 종사의
『대적공실(大積功室)』 원문

1. "세존이 도솔천을 떠나지 아니하시고 이미 왕궁가에 내리시며 모태 중에서 중생제도하기를 마치셨다" 하니 그것이 무슨 뜻인가?

2. "세존이 열반에 드실 때에 내가 녹야원으로부터 발제하에 이르기까지 이 중간에 일찍이 한 법도 설한 바가 없노라." 하셨다 하니 그것이 무슨 뜻인가?

3. 古佛未生前 凝然一相圓 釋迦猶未會 迦葉豈能傳

4. 邊山九曲路 石立聽水聲 無無亦無無 非非亦非非

5. 有爲爲無爲 無相相固全 忘我眞我現 爲公反自成

6. 大地虛空心所現 十方諸佛手中珠 頭頭物物皆無礙 法界毛端自在遊

이 의두 성리로 교단 백 주년을 앞두고 대정진 대적공하자. 양계 인증과 더불어 음계 인증이 막 쏟아져야 한다.

※ 이 법문은《대산종사법어(大山宗師法語)》 적공편(積功編) 68장에 실려 있다.

대산 김대거 종사

대산 김대거 종사 휘호

序文

대산 종사의
『대적공실(大積功室)』 법문해의를 내면서

원불교개교 100년에 대산 종사(金大擧. 1914~1998) 의 『대적공실』 법문을 다시 받들어 읽는다.

시 한 수가 떠오른다.

養松亭子建 양송정자건　솔을 길러서 정자를 세우고
儲水趴江迎 저수오강영　물을 모아야 긴긴 강 맞이하리
佛祖何時出 불조하시출　부처 조사 어느 때 나오는가?
積功直後成 적공직후성　공력을 쌓은 바로 뒤에 이루리라.

소나무를 잘 키울수록 아름답고 운치 있는 정자를 지음을 맞을 수 있다. 이 골 저 골, 이 들 저 들에서 방울 물이 모이고 모여서 흘러야 긴 강을 이룰 수 있다.

유학(儒學)에서는 생이지지(生而知之)가 상지(上智)요 학이지지(學而知之)가 중지(中智)이며 곤이지지(困而知之)가 하지(下智)라고 하지만 궁극에 이르러서는 동일하다고 말을 한다.

우리가 다생겁래를 통해 부처나 조사를 이루는 것도 마찬가지가 아니겠는가? 즉 생이각지(生而覺之)는 상근기(上根機)요 수이각지(修而覺之)는 중근기(中根機)이며 학이각지(學而覺之)는 하근기(下根機)라고 할 수 있으나 궁극에 가서는 조금도 다름이 없는 부처요 조사이다.

이러한 역정(歷程)이 바로 적공(積功)이요 또한 정진(精進)이다. 우리가 수도문중에 출신하여 부처나 조사에 대한 원력(願力)이나 갈희(渴希)가 굳게 뭉쳐져 있지 않다면 허송지세(虛送之歲)하고 유희지년(遊戲之年)을 할 수밖에 없어서 적공정진은 어렵다. 복락을 장만하고 지혜를 닦는다는 것도 중요한 것이지만 자기 부처, 자기 조사를 계발(啓發)시키고 기립(起立)시키는 일이 무엇보다 우선 되어야 하기 때문이다.

그래서 대산 종사께서 30여 년 전에 대적공실(大積功室)을 제시하여 공부하는 교단, 공부하는 교당, 공부하는 기관, 공부하는 교도가 되도록 독려하여 불보살이 수없이 막 쏟아지도록 염원(念願)하였다.

사실 성리(性理)는 정답(定答)도 없고 정답(正答)도 없다. 자신이 안만큼, 깨친 만큼, 증득한 만큼만 자기의 지혜가 된다. 따라서 흉내를 낼 수도 없고 차언(借言)을 할 수도 없으며 사문기장(寫文記章)을 할 수도 없고 발설토담(拔舌吐談)할 수도 없다.

원불교개교 100년의 회향에 다달아 지난 누년(累年)을 돌아보며 주세불(主世佛)의 인연과 정법(正法)의 인연을 길이 도탑게 하려면 성리단련공부를 아니할 수 없는 것이니 영생을 환역(換易)하고 영겁을 내왕하면서 이 길에 경족(輕足)으로 답습(踏襲)할 것을 다짐하고 또 맹세를 해야 한다. 아울러 교정을 도와주신 소산 주성균 교무님과 천지은 님에게 감사를 드리고 배문사 임직원들에게도 사의를 표하는 바이다.

원기 100년 12월 20일

원불교 중앙 남자원로수도원 궁산 오 광 익 근서

『대적공실(大積功室)』

목 차

제 一 편
『대적공실(大積功室)』 해제

1. 해 제

『대적공실』이라는 말이 교단에서는 이미 성어화(成語化)되어 쓰이고 있는지가 오래이다. 다시 말하면 이 말이 재가출가를 가릴 것 없이 보편화된 단어로 인식을 하며 자연스럽게 받아드리고 있다는 뜻이다.

그러므로 한자화(漢字化)되어 있는 글자 한자 한자의 의미도 대단히 중요하고 명사화(名詞化)된 단어나 전체의 뜻을 파악하는 것도 역시 중요하지 않을 수 없다. 그런 의미에서 공부를 하고 또한 공부를 할 수 있도록 낱낱의 글자나 단어나 숙어, 또는 각각의 문단에 대한 해의를 곁들여 풀어내었다. 더욱이 중요한 것은 게(偈)나 송(頌)처럼 한시(漢詩)를 붙여두었다는 점이니 해오증득(解悟證得)하는 작은 기연이라도 되었으면 심희무이(心喜無已)라 하지 않을 수 없다.

1) 글자풀이

(1) 대(大)

① 크다

《노자(老子)》는 "도가 크고 하늘이 크고 땅이 크고 사람이 또한 크다(道大天大地大人亦大)" 고 하였다.

② 처음(시초)

《예기(禮記)》에 "해 뜰 무렵(날이 밝을 무렵)에 큰 북을 쳐서 여러 사람(學士)을 부른다(大昕鼓徵)" 고 하였다.

③ 많다(뭇 사람)

《관자(管子)》에 "대중들과는 시작을 꾀(圖謀)하지 않는다(不與大慮始)" 고 하였다.

④ 다(모두)

《순자(荀子)》에 "무릇 이것을 '크게 변화되어 하나에 이른 것이라' 말한다(夫是之謂大化至一)" 고 하였다.

⑤ 무겁다(무게)

《예기(禮記)》에 "반드시 경중(작고 큼)을 옛날의 판결례를 살펴서 시행한다(必察小大之比以成之)" 고 하였다.

⑥ 높다(존귀하다)

《논어(論語)》에 "훌륭(높은, 존귀)한 사람을 두려워한다(畏大人)"고 하였다.

(2) 적(積)

① 쌓다, 모으다, 모이다

《의례(儀禮)》에 "의덕행지소적(宜德行之素積) 덕행을 평소에 쌓는 것이 마땅하리라."

② 떼 지어 모이다

장형(張衡)의 부(賦)에 "향기로운 풀이 모인 것 같다(芳草如積)" 고 하였다.

③ 저축(벌어놓은 것)

《국어(國語)》에 "하루(먹을 양식)도 저축해 두지 않았다(無一日之積)" 고 하였다.

(3) 공(功)

① 공(공로. 국가에 대한 공)

《사기(史記)》에 "노고가 많고 공이 높음이 이와 같다(勞苦而功高如此)" 고 하였다.

② 공력(功力)

《맹자(孟子)》에 "일은 옛사람의 절반만하고 공은 배가 된다(事半古之人 功必倍之)" 라고 하였다.

③ 일(직무)

《맹자(孟子)》에 "(일)을 상통하면 일하기가 쉽다(通功易事)" 고 하였다.

④ 복(服)

상복(喪服)에 관한 제도의 한 가지. 조부 · 증조부 · 손자 · 조카 등에 대한 복제로서 3년상 다음의 복(服). 공복(功服).

(4) 실(室)

① 집(건물)

《시경(詩經)》에 "초구(楚丘)에 집을 짓네(作于楚室)" 라 하였다.

② 방

《논어(論語)》에 "아직 방에 들어오지 못했다(未入於室也)" 라 하였다.

③ 거처(사는 곳)

《주례(周禮)》에 "그 거처를 수대로 지었다(以其室數制之)" 고 하였다.

④ 아내

《예기(禮記)》에 "(나이) 30살이 되면 장년이니 아내를 둔다(三十曰壯 有室)" 고 하였다.

2) 『대적공실』의 뜻

여기에서 중점을 두고 주안(主眼)을 가져야 할 단어는 적공(積功)이라고 할 수 있다. 일반적으로는 '많은 공을 들인다.' 또는 '공적을 쌓는다.' 는 의미 정도로 해석을 할 수 있다. 그러나 이 단어는 불도(佛道)를 수행하는 의미로 볼 때 보다 광범(廣範)한 뜻을 지니고 있다.

첫째는 공덕(功德)을 적루(積累)한다는 의미이다. 《법화경(法華經)》 제바품(提婆品)에 '어려운 행이라도 괴롭게 행하면 적공과 누덕이 된다(難行 苦行 積功累德).' 고 하였다.

둘째는 수행(修行)하는 경우에 있어서 각종 공덕(功德)과 선근(善根)을 쌓아서 일체 중생을 제도한다는 뜻이다. 《무량수경(無量壽經)》 상권에 '중생을 위하여 큰 서원의 무장을 입고 덕의 본질을 거듭 쌓아 일체를 제도하고 벗어나게 한다(爲衆生故 被弘誓鎧 積累德本度脫一切)' 고 하였다.

셋째는 적공누덕(積功累德)으로 공덕이란 글자를 나누어서 덕을 쌓고 공을 거듭하는 것으로 공덕을 쌓아 올리는 것을 말한다.

넷째는 수행을 하는데 있어서 성리(性理)를 연마한다는 말이니 안으로 자신의 본래 성품자리를 회복하고 밖으로 일원의 진리를 깨달아 이무애 사무애(理無礙事無礙)하는 부처를 이루자는 의미이다.

다섯째는 원불교개교 100주년을 당해서 '대적공실' 을 구심점(求心點)으로 삼고 또한 전환점(轉換點)으로 삼아서 도약의 발판을 마련하자는 의미이다.

여섯째는 안으로 자기불사(自己佛事)를 이루고 밖으로는 세계불사(世界佛事)를 이루는 계기를 삼자는 의미이다.

일곱째는 삼학인 정신수양과 사리연구와 작업취사의 수행에 게으름이 없이 정진하여 불심(佛心)을 맑고 밝게 지니고, 사은인 천지와 부모와 동포와 법률에 보은하고 감사하여 불토(佛土)를 이루어 내외가 상락(常樂)한 광대무량의 낙원(樂園)을 이루자는 의미이다.

여덟째는 잡혀줄 수도 없고, 가르쳐줄 수도 없으며, 말해줄 수도 없고, 보여줄 수도 없으며, 그려줄 수도 없고, 깨어줄 수도 없는 일원의 진리 곧 한 자리[一位], 한 물건[一物]이 있으니 적공을 통해 스스로 증오(證悟)하라는 의미이다.

아홉째는 우주의 기운과 천지의 기운이 이 나라에 모이고 이 교단에 모이는 때가 빠르게 다가오고 있으니 우리가 원불교개교 100년에 먼저 가슴을 열고 마음을 트며 진리를 드러내어 정신의 원천(源泉)이 되고 도덕의 종가(宗家)가 되어 세계를 귀도복리(歸道復理) 곧 스승님의 도법(道法)에 돌아오고 일원진리에 돌아오게 하자는 의미이다.

열째는 주세성자가 내놓은 가르침과 법과 진리를 통해서 전 세계의 정치나 경제나 문화나 의식에 때론 동화(同化)되고 때론 선도(先導)하여 새로운 문명세계를 세우자는 의미이다.

아무튼 우리 세대에 주어진 성업(聖業)을 다할 수는 없는 것이지만 그래도 먼 훗날 후진들이 보고 듣고 이야기하며 선진들이 최선을 다했고 수고가 많았다는 말을 들을 수 있었으면 좋겠다.

아울러 세 분 큰 스승을 모신 선진들이 아직은 살아계시니 우리들에게 큰 광영일 뿐만 아니라 수택상신(手澤尙新)하고 유방만세(流芳萬世)하는 도덕이요 종리(宗理)가 되리니 홍은(鴻恩)과 홍복(鴻福)으로 알아서 먼 미래를 바라보고 살아갈 수 있었으면 참으로 좋겠다.

2. 『대적공실』의 설법연기

『대적공실(大積功室)』이라는 친필은 대산 종사가 30대 무렵 새로운 발심으로 정진적공을 할 때인데 당시 조전권(曺專權 1909~1976)에게 함께 적공 수행하여 스승님의 법을 세계만방에 전하고 생사자유를 얻은 불보살이 되자는 의미에서 써 준 글이다.

이에 공타원은 일어나 절을 올리고 "영생을 책임져 주소서" 하고 말씀을 드렸다는 이야기가 전해지고 있다.

이것이 『대적공실(大積功室)』이 교단에 처음으로 등장하게 된 1차적인 배경이라고 할 수 있다.

또한 2차적인 배경은 원기72년 2대 말 총회를 마치고 인사를 하러

온 총부의 간부들에게 '대종사탄생100주년과 교단100주년을 앞두고 대적공하자' 며 친필을 나누어 주시고 의두 성리의 여섯 조항을 내려 주셨다.

또한 원기76년 11월 10일 정기중앙교의회에서 대산 종법사가 법문을 하였는데 그 내용은 다음과 같다.

"교단100주년 즉 24년 후를 기약하고 다시 한 번 대적공의 서원을 세워야 하겠습니다. 대적공은 탄생시키는 것, 낳는 것이지 그리거나 쓰거나 말로 하는 것이 아닙니다. 우리는 교단100주년을 향해서 성리(性理)로 성태(聖胎)를 장양(長養)시켜 대각을 낳자는 것입니다. 성리에 대적공이 없으면 진리의 연극(演劇)에 장난감이 되어 허망한 일생을 마치고 말 것입니다. 성리로 대적공하여 대소유무(大小有無)의 이치를 통달할 때에는 진리를 장중(掌中)의 구슬로 하고 이 우주와 세계를 항상 내가 자유자재로 활용하여 참으로 훌륭한 종교가 될 것입니다. 대적공의 방법은 교리를 체질화(體質化), 생활화(生活化)하는 적공을 원칙으로 하되 무방심(無放心)의 정성력으로 일관(一貫)해야 합니다." 라고 하였다.

이 법문은 원불교개교 100년 기념 성업봉찬을 앞두고 자신성업봉찬(自身聖業奉贊)으로 대정진 대적공하기를 염원하고 내린 대산 종사의 유촉법문이라고 할 수 있다.

3. 『대적공실』의 지향점

소태산대종사께서 제정하여 내놓은 우리 교법은 과거보다는 미래를 내다보고 제정하여 여래(如來)를 생산해 내도록 만들어 놓은 최대최고의 교법으로 공전절후(空前絶後)하고 전무후무(前無後無)하며 무량무진(無量無盡)한 고단위의 바른 법이라고 하지 않을 수 없다.

이 회상에 모여들어 살고 있는 우리들의 최종목표는 여래(如來)에 오르자는 것이지 항마위(降魔位)를 얻고 출가위(出家位)를 이루자고 찾아든 사람들은 아니라고 할 때 길은 이 길밖에 다른 도리는 없다.

그러므로 여섯 가지 대적공실 법문의 지향점(指向點)은 두말할 것 없이 여래(如來)이니 여래를 표준해서 해석이 되고 체득이 되며 실천이 되어야 한다.

물론 진리를 아는데 가르침이나 문자가 필요하지 않을 수도 있지만 이런 부류들은 극히 희유(稀有)한 근기(根機)들이고 대개의 근기는 가르침이나 문자[敎文]를 통해서 들어가고 교문을 통해서 알고 교문을 통해서 깨달았다가 나중에는 교문마저 놓아져버린 진체진성(眞體眞性)에 합일이 되어야 한다.

그리하여 배로 강을 건너는 사람이 강을 건넌 뒤에는 뗏목을 가지고 다닐 필요가 없고[渡江忘筏], 토끼 발자국을 따라 토끼를 잡은 사람이 발자국을 담아가지고 다닐 필요가 없으며[得兎忘蹄], 고기를 잡은 사람은 통발을 가지고 다닐 필요가 없는[得魚忘筌] 것과 같은 의미라고 할 수 있다.

원불교개교 100년의 성업에는 무수한 여래가 탄생해야 한다. 그리하여 이 세상의 작고 큰 나라를 가릴 것 없이 일국토(一國土) 일여래(一如來)와 천만보살이 주재하고 교화하여 파란고해가 사라져버린 영원한 낙원이 건설되어야 한다.

아울러 만일 대산 종사가 원불교개교 100년의 향방(向方)을 원기 50년대에 미리 제시해주지 않았다면 100년을 당한 이 시점에서 어떤 제시(提示)에 의해 어떤 방향으로 나갔을까? 물론 길이 있기도 하겠지만 생각하면 아찔한 마음도 들고 천만다행이라는 생각도 든다. 원불교의 1세대라 일컬어지는 세 분의 큰 스승을 모셨다는 것은 광영(光榮)이 아닐 수 없다.

그러므로 우리는 100년을 넘기면서 독선(獨善)이 아닌 중지(衆志)를 모으고, 독권(獨權)이 아닌 공청(公聽)을 하며, 분산(分散)이 아닌 화합(和合)을 이루고, 침울(沈鬱)이 아닌 발분(發憤)을 하며, 배기(背棄)가 아닌 수용(受容)을 하고, 여해(慮解)가 아닌 이지(理智)가 되며, 시인(恃人)이 아닌 신법(信法)이 되고, 안전(眼前)이 아닌 원조(遠眺)가 되며, 독현(獨顯)이 아닌 군공(群功)이 되고, 족하(足下)가 아닌 거보(巨步)가 되며, 인정(人情)이 아닌 천심(天心)이 되어야 한다.

그리하여 소태산대종사님 말씀처럼 "선진은 후진을 업어주고 후진은 선진을 업어주라" 하였으니 사제동락(師弟同樂)하고 선후공인(先後共引)하여 함께 성공(成功)하고 함께 성업(成業)해야 한다.

또한 공자님 말씀처럼 "무릇 어진 이는 자기가 서고자 하면 남을 세워주고, 자기가 달통하고자 하면 남을 달통하게 해 준다(夫仁者 己欲立而立人 己欲達而達人)"고 하였으니 되새겨볼만한 실언(實言)이라고 할 수 있다.

또한 "무릇 진화하는 자는 자신이 진화하고자 하면 먼저 남을 진화하게 해주고, 자신이 성공하고자 하면 먼저 남을 성공하게 해야 한다(夫進化者 身欲進化而先人進化 身欲成功而先人成功)"고 하였으니 명언(銘言)이 아닐 수 없다.

4. 원불교개교100년의 의의

소태산대종사의 연원(淵源)인 석가부처님은 부유한 왕가의 왕자로 출생하여 유성출가(逾城出家)한 뒤에 고행을 거쳐서 부처를 이루었으니 특별한 생(生)을 받았다고 할 수 있다. 반면에 대종사님은 궁촌벽지(窮村僻地)의 심심산골 빈한한 농촌에서 생을 받아 태지(胎址)를 여의지 않고 고난의 수행을 통하여 부처를 이루었으니 기적(奇蹟)이 아닐 수 없다.

이렇게 소태산대종사의 깨달음으로 '불법연구회', 곧 '원불교'가 출현하여 100년까지 오게 되었으니 또한 기적이 아닐 수 없다. 특히 일제강점기(日帝强占期)의 민족종교 말살이라는 난개지관(難開之關)이 있었고 간월지령(艱越之嶺)이 있었지만 슬기롭게 극복하고 오늘에까지 이르게 됨도 기적이 아닐 수 없다.

소태산대종사님께서 "4~5십년 결실이요 4~5백년 결복이라" 함에 따라 원불교개교 반백년의 행사를 성공리에 마치고 마침내 100년의 성업(聖業)을 맞이하게 되었으니 이도 또한 기적이 아닐 수 없다.

이러한 의미에서 원불교개교 100년의 의의를 찾아본다면

첫째, 원각성존 소태산대종사를 주세(主世)의 부처로 확실하게 자리매김하는 일이다. 공자님의 제자들이 《맹자(孟子)》 공손추상편(公孫丑上篇)에 "인류가 있은 이래로부터 공자와 같은 성인은 없었다(自有生民以來 未有孔子也)"는 말이 있다. 이와 같이 우리도 대종사에 대하여 "인류가 있은 이래로부터 대종사와 같은 성인은 없었다(自有生民以來 未有宗師也)"라고 자부심을 가지고 소태산대종사를 널리 드러내는 성업이 무엇보다 우선이 되어야 한다.

둘째, 일원의 진리를 모든 진리의 주종(主宗)으로 삼는 일이다. 세상은 종교도 많고 철학이나 사상도 많다. 이에 따라 자기들이 주장하는 진리가 최고의 진리라고 언성을 높이는가 하면 신성불가침(神聖不可侵)으로 여겨 전쟁이나 살육도 불사(不辭)한다. 그러나 우리

의 주종인 일원의 진리는 늦게 출현한 바도 있지만 총괄적으로 보더라도 성인이나 현철(賢哲)들이 밝혔던 어떤 진리보다도 수승하고 월등하기 때문에 능히 주종이 되고도 남는다고 할 수 있을 것이니 잘 밝혀서 세상의 신리(新理)가 되어야 한다.

셋째, 일원의 진리에서 파생(派生, 어떤 사물의 주체로부터 갈리어 나와 생김)된 정법을 널리 전전(轉傳)해야 한다. 우리의 법은 일원의 진리를 인간과 생령이 살아가는 이 지구에 그대로 옮겨서 시행하려는 숙원(宿願)이 세워져 있다. 그러므로 바른 법을 주축으로 하여 수기응변(隨機應變)의 무량한 방편(方便)을 세워 놓았다 해도 과언이 아니다. 방편의 '방이란 방법이요 편이란 편용이다(方者方法 便者便用)' 고 하였다. 즉 '편리하게 활용하여 일체 중생의 근기와 그 방법에 계합토록 함이다(便用契於一切衆生之機之方法也)' 고 하였다. 또한 '방은 방정의 이치이요 편은 교묘의 언사이다(方爲方正之理 便爲巧妙之言辭)' 고 하였다. 즉 '갖가지 근기를 대하여 방정의 이치와 교묘한 말을 활용하는 것이다(對種種之機 用方正之理與巧妙之言也)' 고 하였다. 결국 방편의 법이란 인간이나 생령뿐만 아니라 세상을 구성(構成)하는 모든 면에 활용이 되도록 해야 한다.

넷째, 개벽(開闢)을 주도해 나가야 한다. 이 우주가 상생(相生)으로 전전(輾轉)하고 세상이 신기(神氣)로 융화(隆和)를 이뤄가는 데에 때론 보조(步調)를 맞추기도 하고 때론 앞장서기도 해야 한다. 일찍이 대종사님께서 "물질이 개벽되니 정신을 개벽하자" 하였으니 물질을 항복받고 정신을 맑히고 밝혀내야 한다. 세상은 인간이 중심이 되는 것은 아니지만 타에 비하여 우위(優位)를 점하고 있기 때문에 정신을 승화(昇華)시키고 행동으로 나툴 때 원망이 없는 은혜세상, 전쟁이 없는 평화세상, 버림이 없는 자비세상, 미움이 없는 사랑의 세상이 될 수 있다. 이러한 세상을 구현하는 것은 우리가 해야 할 몫이니 오직 대종사님의 가르침으로 자신이 먼저 새로워지고, 자신이 먼저 실행하면 자연 세상도 새로워져서 개변(改變)이 된다.

다섯째, 자신이 깨어나야 한다. 대종사께서 우리에게는 근본적으로 부처나 성인(佛聖)이 될 요소를 가지고 있다 하였으니 오직 진리적 종교의 신앙과 사실적 도덕의 훈련을 통해서 자기불(自己佛), 자기성(自己聖), 자기심(自己心), 자기성(自己性)이 깨어나도록 해야 한다. 그리하여 깨인 그 마음 그대로 행동에 옮겨서 실현해 갈 때 세상은 도덕이 주가 되어 한 집안이 되고 은혜가 충만하여 한 세계가 될 것이니 그 기저(基底)에는 열리고 깨어난 사람이 자리매김을 해야 한다. 그리하여 궁극의 목표라고 할 수 있는 광대 무량한 낙원세계를 이루어내야 한다.

우리 원불교가 세상에 출현한 1세기를 넘기면서 대종사를 주세성자로 받들고 일원진리를 주리(主理)로 삼으며 자신과 아울러 사람이 개변되고 깨어나는 성업봉찬이 되어야 한다. 그리하여 2세기에는 원불교만을 위한 원불교가 아니고 구성원만을 위한 원불교가 아니라 세상을 위하고 생령을 위하며 구성원을 위하는 원불교로 거듭나야 한다.

송(頌)하기를

①

大凡人類史 대범인류사　무릇 인류의 역사에서
佛祖主張爲 불조주장위　부처와 조사가 주장이 되나니
故我師生世 고아사생세　그러므로 우리 스승 세상에 나와서
負任厥位彌 부임궐위미　그 자리에 채워질 책임 짊어졌어라.

②

世中思想列 세중사상렬　세상 가운데는 사상이 벌려졌고
自理亦勝詮 자리역승전　자기 진리 또한 수승하다 설명하지만
然一圓無外 연일원무외　그러나 일원의 바깥 것은 없으리니
奉尊世界傳 봉존세계전　받들고 높여서 세계에 전할지라.

③

一圓爰卽出 일원원즉출　일원에서 이에 바로 나온 것으로
正法世人醒 정법세인성　바른 법으로 세상사람 깨우치리니
宿劫因緣邃 숙겁인연수　숙겁의 인연이 깊었기에
普傳得孰寧 보전득숙녕　널리 전하여 누구나 평안 얻게 하리.

④

開闢乾坤事 개벽건곤사　개벽은 하늘땅의 일이요

相生宇宙情 상생우주정　상생은 우주의 뜻이네

成醒人做務 성성인주무　깨침 이룸은 사람이 해야 할 의무니

盡力自心明 진력자심명　힘을 다해서 자기 마음을 밝힐지라.

⑤

盲龜遭朽木 맹구조후목　눈먼 거북이가 썩은 나무라도 만나야

出息海中潛 출식해중잠　숨을 내쉬었다 바다 가운데 잠기네

難得人難法 난득인난법　사람 얻기가 어렵고 법도 어렵나니

遇時切勿淹 우시절물엄　때를 만났으니 간절히 머물려 말라.

5. 성리의 여러 의미

대적공실은 두 가지 의미를 가졌다고 할 수 있으니 하나는 밖으로 교단이 해야 할 일이요, 안으로 자신이 해야 할 일이다.

교단의 일은 원불교가 이 세상에 울림을 준 지 100년이 되는 해를 맞이하여 외적 성장을 준점(準點)으로 다시 한 번 점검해보고 미래의 지향을 설정해보자는 의미가 있는 것이라 한다면 다른 하나는 안으로 각자 각자가 자신을 깨우는 방법의 정직지로(正直之路)로 적공실 여섯 조목을 설정하여 심 · 성 · 리(心 · 性 · 理)를 깨우치고 알고 체득해서 원초적인 자아(自我)를 불화(佛化)로 전이시켜 가자는데 목적이 있다고 할 수 있다.

그런 의미에서 외적으로는 원불교개교 100년은 주관처가 이미 구성되어 사업을 시행하고 있다. 반면에 내적으로는 자신의 성업(聖業)과 봉찬(奉贊)을 통해서 심안(心眼)을 뜨고 오리(悟理)를 하며 발지(發智)가 되는 길로 나아가는데 의의를 두어야 한다.

그러므로 오직 자신성업봉찬은 각자의 일이요, 누구에게 전가시키거나 미루어서 되는 일이 아니며, 빌려다가 맞추는 일도 아닌 자기만의 일임을 확실하게 설정(設定)을 해놓아야 한다.

이런 의미에서 볼 때 원불교개교 100년 성업은 그 주안(主眼) 되는 점이 종국에는 성리를 터득하자는 것이니 성리의 터득은 첫째는 우주불(宇宙佛)인 일원의 진리를 깨달아 그 체성에 합일하여 이력(理力)을 갖추는 길이요. 둘째는 심체불(心體佛)인 자심(自心=自性)을 회복하여 심혜지력(心慧之力)을 갖추어서 자비의 마음을 발휘해서 생령을 제도하는 길이라고 할 수 있다. 즉 외비이력(外備理力)하고 내구심력(內具心力)하야 제도중생(濟度衆生)으로 건설낙원(建設樂園)하자는 것이니 곧 "밖으로 진리의 힘을 갖추고 안으로 마음의 힘을 갖추어서 뭇 생령을 제도하여 낙원을 세우자"는 것이라고 할 수 있다.

6. 성리의 이명

우선 성리(性理)와 비슷한 단어로 화두(話頭) · 의두(疑頭) · 문목(問目) · 공안(公案) 등이 있다. 단어는 비록 다르다할지라도 의미는 거의 같다. 즉 대동소이(大同小異)하다 할 수 있으며 의동호수(意同號殊)하다고 볼 수 있다.

1) 성리란 무엇인가?

성리는《정전》에서 "성리는 우주 만유의 본래 이치와 우리의 자성 원리를 해결하여 알자 함이라"고 하였다. 즉 우주의 이법(理法)이나 체성(體性), 또는 만물 만상은 생멸(生滅)의 원인이 분명히 있을 것이니 그 원인을 규명하자는 것이며, 우리의 자성이란 어떤 것이며 또한 마음은 있는 것인지 아니면 없는 것인지를 규명하자는 것이라고 할 수 있다.

2) 화두란 무엇인가?

화두(話頭)란 "선종에서 스승이 제자에게 제시한 문제, 공안(公案)이나 고칙(古則) 중에서 후학들에게 지혜를 연마시키거나 성리를 단련시키기 위하여 제시한 문제이니 수행인은 화두를 오래오래 연마하여 그 뜻을 깨닫게 되면 스승과 문답을 통하여 인정받게 된다."고 하였다.

3) 의두란 무엇인가?

의두(疑頭)는 "대소 유무의 이치와 시비 이해의 일이며 과거 불조의 화두(話頭) 중에서 의심나는 제목을 연구하여 감정을 얻게 하는 것이니, 이는 연구의 깊은 경지를 밟는 공부인에게 사리간(事理間) 명확한 분석을 얻도록 함이요."라고 하였다.

4) 문목이란 무엇인가?

문목(問目)이란 "교단 초창기 〈육대요령(六大要領)〉에 처음 나타난 정기훈련 11과목의 하나이다. 사리연구 과목에 속하는 것으로, '문목이라 함은 본회 교과서 수양연구요론 내 대소 유무와 시비 이해를 망라하여 지정된 137개 항의 의두 문목과 기타 일체 인간에 의심할 만한 제목을 이름이니, 어떠한 문목이든지 각자의 연구대로 그 해결안을 제출하여 얻게 하는 것으로서, 이는 본회 초급교과서를 마치고 연구의 실질 경지를 밟는 공부인에게 사리간의 명확한 분석력을 얻도록 하기 위함이다.'"고 하였다.

5) 공안이란 무엇인가?

공안은 선불교, 특히 임제종(臨濟宗)에서 선(禪)을 시작하는 사람들에게 정진(精進)을 돕기 위해 사용하는 간결하고도 역설적인 문구나 물음으로 선가(禪家)에서 스승이 제자에게 깨침을 얻도록 인도하기 위해 제시한 문제이다. 인연 화두(因緣話頭)라고도 한다. 화두 또는 공안(公案)을 풀기 위해 분석적인 사고와 의지적인 노력을 다하는 동안 사고의 전환이 이루어져 직관수준에서 적절한 답을 찾을 수 있는 준비가 이루어진다. 이러한 과정을 통해 선사(禪師)는 수행자에게 참선에서 얻은 경험의 어떤 부분을 전수해주고, 또한 수행자의 역량을 시험해본다.

예를 들면 '양손이 마주칠 때 소리가 난다. 한 손으로 손뼉을 칠 때 나는 소리를 들어보라' 라고 문제를 제공하는 식이다. 때로 문답식으로 된 경우도 있다. 예를 들어 '부처란 무엇인가?' 라는 질문에 '뜰 앞의 잣나무' 라는 대답을 공안으로 들기도 한다. 공안(화두)은 깨침의 기연이 된다. 수많은 선사가 이 공안의 참구 · 연마로 깨쳤고, 수많은 제자들을 이 공안으로 깨침의 세계로 인도했다. 공안은 선승들의 언행을 간단하게 표현한 것이다. 그래서 1,700공안이 표현은 각각이지만 그 해답의 궁극처는 하나이다. 곧 우리의 본래마음과 그 마음을 깨치는 길을 인도하는 것이다. 공안은 글자 해석을 통해서는 그 뜻을 깨칠 수 없다. 마음의 체험을 통해서 깨치게 되는 것이다. 수많은 화두 중에서 어느 것 하나를 깨칠 때까지 참구 · 연마하는 것이다. 글자 해석이 아니기 때문에 어느 공안이든지 하나만 깨치면 다른 공안도 따라서 깨치게 되는 것이다.

근래에 와서 글자 해석을 통해서 공안을 깨치려 하는 경우가 흔히 있는데, 이는 불법의 진리를 크게 그르치는 것이다. 공안이란 말의 기원은 원래 중국에서 공부(公府)의 안독(案牘)이라고 하는 말, 곧 관공서의 문서 이름에서 나왔다. 현재 모두 1,700개의 공안이 전해지는데 이는 선사의 언행록에서 뽑아 모은 것이다. 널리 알려진 공안집으로는 1125년에 중국 승려 원오극근(圓悟克勤)이 이전부터 있던 공안집에서 100개 정도를 가려내어 편집 · 주석한《벽암록(碧巖錄)》과 1228년에 중국 승려 혜개(慧開)가 48개를 모은《무문관(無門關)》이 있다.

7. 성(性)과 이(理)의 의미

첫째, 생명(生命)의 원리(原理)와 규율(規律)이다.

둘째, 정서(情緖)와 이지(理智)이다.

셋째, 인성(人性)과 천리(天理)로 송유(宋儒)들의 성리지학(性理之學)을 가리키는 말이기도 하다.

따라서 성은 사물의 본신(本身)에 구유(具有)되어 있는 능력, 또는 작용으로 성질, 성격, 성명(생명), 성능, 개성, 속성(屬性) 등이라고 할 수 있다. 또한 이는 물질 본신의 문로(紋路), 층차(層次)이며 객관적인 사물의 차서로 심리(心理), 조리(條理), 사리, 사물의 규율(規律)이라고 할 수 있다.

성리에 대한 유현(儒賢)들의 글을 간추려 전재(轉載)하면 다음과 같다.

1) 성(性)

1. 《설문(說文)》에 '성은 사람의 양기이니 성이란 선이다(性 人之陽氣 性善者也).'

2. 성리대전(性理大全)》에 주자가 말하기를 '성이란 마음의 이이요, 정이란 마음의 용이니 마음은 성정을 주재한다(性者心之理也 情者心之用也 心者性情之主也).'

3. 《중용(中庸)》에 '하늘의 명을 일러서 성이라 한다(天命之謂性).'

4. 《순자(荀子)》 성악편(性惡篇)에 '가히 배우지 아니하고 가히 일삼지 않고도 사람에게 존재하는 것을 일러서 성이라 한다(不可學 不可事 而在人者謂之性).'

5. 《백호통(白虎通)》에 '오성이란 무엇인가? 인과 의와 예와 지와 신이다(五性者何? 仁義禮智信也).'

6. 《논어(論語)》 양화(陽貨)에 '(선천적) 성은 서로 가깝지만 (후천적) 습은 서로 멀다(性相近也 習相遠也).'

7. 《순자(荀子)》 정명편(正名篇)에 '나면서 그러한 것을 일러서 성이라 한다(生之所以然者 謂之性).'

8. 《이정전서(二程全書)》에 정자가 말하기를 '성이 곧 이이니 이른바 이라는 것을 성이라 함이 이것이다(性則理也 所謂理 性是也).'

9. 《경행록(景行錄)》에 이르기를 '사람의 성품은 물과 같아서 물이 한번 기울어지면 가히 돌이킬 수 없고 성품이 한번 놓여지면 바로 잡을 수 없을 것이니 물을 잡으려면 반드시 둑을 쌓음으로써 되고 성품을 옳게 하려면 반드시 예법을 지켜야 한다(人性如水 水一傾則不可復 性一從則不可反 制水者 必以堤防 制性者 必以禮法).'

10. 주자(朱子)의 《소학제사(小學題辭)》에 이르기를 '원형이정은 천도의 떳떳함이요 인의예지는 인성의 강기이다(元亨利貞 天道之常 仁義禮智 人性之綱).'

11. 《성리대전(性理大全)》에 주자(朱子)가 말하기를 '성은 기질이 아니면 의지할 수가 없고 기는 하늘의 성이 아니면 이룰 수가 없다(性非氣質 則無所寄 氣非天性 則無所成).'

12. 《성리대전(性理大全)》에 주자가 말하기를 '성은 이에 사람의 품수한 바이요, 정은 이에 성의 작용이다(性是人之所受 情是性之用).'

13. 《성리대전(性理大全)》에 주자가 말하기를 '도가 곧 성이

요 성이 곧 도이니 진실로 이는 한 물이다. 그러나 모름지기 무엇으로 인해 성이라 부르고 무엇으로 인해 도라 부르는지를 살펴보아야 한다(道卽性 性卽道 固只是一物 然須看因甚喚做性 因甚喚做道).'

14. 《성리대전(性理大全)》에 주자가 말하기를 '성이 곧 이이다. 마음에 있어서는 성이라 부르고 일에 있어서는 이라 부른다(性卽理也 在心喚做性 在事喚做理).'

15. 《성리대전(性理大全)》에 주자가 말하기를 '마음은 선악이 있지만 성은 불선이 없다. 만일 기질의 성을 논한다면 또한 불선이 있다(心有善惡 性無不善 若論氣質之性 亦有不善).'

16. 《성리대전(性理大全)》에 장횡거(張橫渠)가 말하기를 '마음이 성과 정을 통솔한다(心統性情).'

17. 《성리대전(性理大全)》에 주자가 말하기를 '성이 곧 천리이다. 만물이 품부하여 받았으니 한 이치도 갖추지 아니함이 없다(性者 卽天理也 萬物稟而受之 無一理之不具)' 또 말하기를 '마음을 놓고는 성을 볼 수가 없고 성을 놓고는 마음을 볼 수가 없다(捨心無以見性 捨性無以見心).'

18. 《이정전서(二程全書)》에 정자(程子)가 말하기를 '백성은 천지의 중정을 받아서 나옴으로 천명을 성이라 이른다. 맹자는 성의 선을 말했는데 이것이 성의 근본이다. 공자는 성은 서로 가깝다고 말했는데 그 품부 받은 곳이 서로 멀지 않다고 이름이다.

사람의 성은 다 선하나니 선한 이유가 사단의 정에서 가히 나타난다(民受天地之中以生 天命之謂性也 孟子言性之善 是性之本 孔子言性相近 謂其稟受處不相遠也 人性皆善 所以善者於四端之情 可見).'

19. 《이정전서(二程全書)》에 정자가 말하기를 '성의 선을 일컬어 도라 이르나니 도와 성은 하나이다(稱性之善 謂之道 道與性 一也).'

20. 〈소자(邵子)〉가 말하기를 '성이란 도의 형체이다. 도는 오묘하여 형상이 없다. 성은 곧 인의예지를 갖추었으니 체가 나타남이다(性者 道之形體也 道妙而無形 性則仁義禮智具而體著矣).'

21. 《성리대전(性理大全)》에 연평이씨(延平李氏)가 말하기를 '천하의 이치는 도가 다름이 없고 천하의 사람은 성이 다름이 없다(天下之理 無異道也 天下之人 無異性也).'

22. 《성리대전(性理大全)》에 주자가 말하기를 '성은 이에 실제의 이이니 인의예지를 다 갖추었다(性是實理 仁義禮智皆具).'

23. 《성리대전(性理大全)》에 주자가 말하기를 '성은 천리이다. 이의 갖춘 바가 문득 이에 천덕이다(性天理也 理之所具 便是天德).'

24. 〈소자(邵子)〉가 말하기를 '성이란 도의 형체이고, 마음이란 본성의 집이며, 몸이란 마음의 거처이고, 사물은 몸이 타고 다

니는 배와 수레다(性者 道之形體 心者, 性之郛郭 身者 心之區宇 物者 身之舟車).'

25. 《성리대전(性理大全)》에 주자가 말하기를 '성이란 사람이 품수한 바 실체이요, 도란 사물의 당연한 이이다(性者 人所稟受之實 道者 事物當然之理也).'

26. 《곤지기(困知記)》에 말하기를 '도심은 성이요 인심은 정이다. 마음은 하나이지만 두 가지로 말하는 것이니 동과 정으로 나누고 체와 용으로 구별한다(道心 性也 人心 情也 心一也 以兩言之者 動靜之分 體用之別也).'

27. 《이정전서(二程全書)》에 정자가 말하기를 '하늘이 내린 것을 성이라 이르고 성을 따름을 도라 이른다. 하늘이 이를 아래에 내림에 만물의 유형은 각각 성명이 바르니 이에 이른 바 성이라 한다. 각각 성명의 바름을 잃지 않음을 이에 이른 바 도라 한다(天降之謂性 率性之謂道者 天降是於下民 萬物流形 各正性命 是所謂性也 各正性命而不失 是所謂道也).'

28. 《성리대전(性理大全)》에 주자가 말하기를 '천하에 성이 없는 물은 없다. 대개 이 물이 있으면 이 성도 있고, 이 물이 없으면 이 성도 없다(天下無無性之物 蓋有此物則有此性 無此物則無此性).'

29. 《성리대전(性理大全)》에 주자가 말하기를 '우리 유가는 본성을 실제적인 것으로 여기지만, 석씨는 본성을 공허한 것으

로 생각했는데, 그러한 본성을 가리켜서 마음이라고 말할 수는 없다. 오늘날 사람들은 종종 마음을 본성이라고 설명하니, 반드시 먼저 깨달아야 비로소 말할 수 있다(吾儒以性爲實 釋氏以性爲空 若是指性來做心說 則不可 今人往往以心來說性 須是先識得 方可說).'

30. 《성리대전(性理大全)》에 주자가 말하기를 '성이란 해의 빛과 같은 것으로 사람과 만물의 받은 바가 같지를 않다. 틈새 구멍으로 받는 것과 같아서 빛에 크고 작음이 있다(性如日光 人物所受之不同 如隙竅之受 光有大小也).'

31. 《성리대전(性理大全)》에 주자가 말하기를 '낳는 원리를 성이라고 한다(生之理謂性).'

32. 《성리대전(性理大全)》에 주자가 말하기를 '성은 완전히 선한 것이다(性則純是善底).'

33. 《성리대전(性理大全)》에 주자가 말하기를 '성은 수많은 이이며, (이가) 흩어져서 성이 되었다(性是許多理散在處爲性).'

34. 《성리대전(性理大全)》에 주자가 말하기를 '성은 바로 마음이 지닌 이이고 마음은 바로 이가 모이는 곳이다(性便是心之所有之理 心便是理之所會之也).'

35. 《성리대전(性理大全)》에 주자가 말하기를 '성이 있으면 정이 발동하여 나오며 정을 통해 성을 알 수 있다. 지금 정이 있기 때문에 본래 성이 있다는 것을 알 수 있다(有這性 便發出這情

因這情 便見得這性 因今日有這情 便見得本來有這性).'

36. 《성리대전(性理大全)》에 주자가 말하기를 '마음은 성에 근거하여 정을 일으킨다. 그러므로 "기쁨과 성냄과 슬픔과 즐거움의 정들이 발동하지 않은 상태를 중이라 말하며, 발동하지만 모두 도리에 맞는 것을 화라"고 한다(心者 主乎性而行乎情 故 "喜怒哀樂未發則謂之中 發而皆中節則謂之和").'

37. 《성리대전(性理大全)》에 주자가 말하기를 '신령한 것은 마음뿐이고 성은 아니다(靈處只是心 不是性).'

38. 《성리대전(性理大全)》에 주자가 말하기를 '성과 정과 상대해서 말하고, 마음은 성 및 정과 상대해서 말한다. 마땅히 그러해야 하는 것은 성이고, 움직인 것은 정이고, 주재하는 것은 마음이다. 대체로 마음과 성은 하나인 것 같으면서도 둘이고, 둘인 것 같으면서도 하나이니, 이것을 마음속으로 깊이 인정해야 한다(性對情言 心對性情言 合如此是性 動處是情 主宰是心 大抵心與性 似一而二 似二而一 此處最當體認).'

39. 《성리대전(性理大全)》에 주자가 말하기를 '천지에 가득 찬 것은 나의 몸이요, 천지를 통솔하는 것은 나의 성이다(天地之塞 吾其體 天地之師 吾其性).'

40. 《성리대전(性理大全)》에 주자가 말하기를 '예전에 오봉의 설을 보았더니, 단지 마음을 성과 상대해서 말했을 뿐, 정이란 글자는 전혀 찾아 볼 수 없었다. 나중에 횡거가 "마음은 성과 정

을 통괄 한다"고 한 설을 보고서야 그 말의 공이 크다는 것을 알게 되었으며, 그제야 정이란 글자가 있어야 할 곳을 찾았는데, 그것은 맹자의 설과 같았다. 맹자는 "측은해 하는 마음은 인의 실마리이다."라고 했는데, 인은 성이고, 측은해 하는 것은 정이다. 이 말은 정의 측면에서 마음을 파악한 것이다. 또 "인과 의와 예와 지는 마음에 뿌리를 두고 있다."라고 했는데, 이 말은 성의 측면에서 마음을 파악한 것이다. 대체로 마음은 바로 저 성과 정을 통괄하며, 성은 본체이고 정은 작용이다. 심자는 단지 하나의 부수에 불과하다. 그래서 성과 정자는 모두 심에서 나왔다(舊看五峯說 只將心對性說 一箇情字都無下落 後來看橫渠 '心通性情' 之說, 乃知此話大有功 始尋得箇 '情' 字著落 與孟子說一般 孟子言 '惻隱之心 仁之端也' 仁 性也 惻隱 情也 此是情上見得心 又曰 '仁義禮智根於心' 此是性上見得心 蓋心便是包得那性情 性是體 情是用 '心' 字, 只一箇字母, 故 '性', '情' 字皆於 '心').

41. 《율곡전서(栗谷全書)》에 말하기를 '성은 곧 마음 가운데 이이다(性則心中之理也).'

42. 《율곡전서(栗谷全書)》에 말하기를 '심은 하나인데 도심과 인심을 둘로 나눈 것은 성명에서 나온 것과 형기에서 나온 것을 구별함이다(心一也 而謂之道 謂之人者 性命形氣之區別也).'

40. 《율곡전서(栗谷全書)》에 말하기를 '태허로 말미암아 천의 이름이 생겼고 기화로 말미암아 도의 이름이 생겼으며 허와

기를 합하여 성의 이름이 생겼고 성과 지각을 합하여 심의 이름이 생겼다(由太虛有天之名 由氣化有道之名 合虛與氣有性之名 合性與知覺有心之名).'

44.《율곡전서(栗谷全書)》에 말하기를 '형이 생긴 뒤에 기질지성이 생겼고 선으로 돌아가면 천지지성이 보존되므로 기질지성을 군자는 성이라 하지 않았다(形而後 有氣質之性 善反之則天地之性 存焉故氣質之性 君子有弗性者焉).'

45.《율곡전서(栗谷全書)》에 말하기를 '성에는 불선이 없다. 불선함이 있는 것은 재이다. 성은 곧 이이다. 이는 요순으로부터 거리의 사람에 이르기까지 다 같은 것이다. 성은 천에서 본 것이요, 재는 기에서 본 것이다. 기가 청탁이 있으니 그 청한 기를 타고나면 어질게 되고 탁한 기를 타고나면 어리석다(性無不善 而有不善者才也 性卽是理 理卽自堯舜至於途人一也 才稟於氣 氣有清濁 稟其清者爲賢 稟其濁者爲愚).'

46.《율곡전서(栗谷全書)》에 말하기를 '심의 미발이 성이 된다(心之未發爲性).'

47.《도산전서(陶山全書)》 2권에 말하기를 '자사와 맹자는 본연의 성품을 가리킨 것 같고 정자와 장자는 기질의 성을 가리킨 것 같다(思 · 孟猶指出本然之性 程 · 張猶指出氣質之性).'

48.《퇴계전서(退溪全書)》 9권에 말하기를 '성이 발하면 정이 된다(性發爲情).'

49. 《도산전서(陶山全書)》 2권에 말하기를 '천지지성은 본래 오롯이 이를 가리키며… 기질지성은 비록 이기와 섞여 있다 해도 어찌 가히 기만을 가리켜서 말한 것은 아닐 것이다(天地之性固專指理…氣質之性雖雜理氣 寧不可指氣而言之乎?).'

50. 《대곡유고(大谷遺稿)》 4권, 「잡저 · 사문문답(雜著?師門問答)」에 말하기를 '혹자가 말하기를 "성은 이이고, 심은 기이고, 정은 이기가 유행하는 것이라" 하니 (김석구가 대답하여) 말하기를 "심과 성을 대거하는 것은 진실로 도기의 나눔이 있으나, 성과 정은 일리이고, 다만 체와 용의 다름이 있을 뿐이다. 대개 심은 기의 영이고, 성은 리가 가운데 혼연하게 있는 것이니 정은 곧 기를 타고 유행하는 것이다(或曰 性理也 心氣也 情理氣之流行也 曰 心與性對擧 固有道器之分 性與情一理 而但有體用之殊 盖心氣之靈 性理之在中渾然者也 情則乘氣流行者也).'

2) 이(理)

1. 《한비자(韓非子)》 해로(解老)에 '이란 만물을 이루는 무늬이다. 길고 짧고 크고 작음과 모나고 둥글고 굳고 무름과 가볍고 무겁고 희고 검음을 일러서 이라 한다(理者 成物之文也 長短大小 方圓堅脆 輕重白黑之謂理).'

2. 《여씨춘추(呂氏春秋)》 권학(勸學)에 '성인이 있는 곳이 곧

천하의 이이다(聖人之所在 則天下理焉).'

3. 〈제공활불(濟公活佛)〉이 자비로 보이기를 '도란 이이다. 이에 밝지 못하고 어찌 도를 닦으리오(道者 理也 不明理 焉修道).'

4. 《성리대전(性理大全)》에 주자가 말하기를 '본성은 단지 이일 뿐이다. 기질 속의 본성도 단지 거기에서 나왔다. 만약 거기에서 나오지 않았다면, 돌아갈 곳이 어디에 있겠는가(性只是理 氣質之性 亦只是這裡出 若不從這裡出 有甚歸著).'

5. 《이정전서(二程全書)》에 이정(二程: 程明道, 程伊川)이 말하기를 '인심은 사욕이라 그러므로 위태하고 도심은 천리라 그러므로 정미하다. 사욕을 소멸하면 천리가 밝아진다(人心私欲 故危殆 道心天理 故精微 滅私欲則天理明矣).'

6. 《성리대전(性理大全)》에 주자가 말하기를 '이란 하늘의 본체요 명은 이의 작용이다. 성은 사람이 받은 것이고, 정은 성의 작용이다(理者 天之體 命者 理之用 性是人之所受 情是性之用).'

7. 《성리대전(性理大全)》에 주자가 말하기를 '마음의 이는 이에 태극이요 마음의 동정은 이에 음양이다(心之理是太極 心之動靜是陰陽).'

8. 《성리대전(性理大全)》에 주자가 말하기를 '지각이 이에 이이다. 이는 지각을 여의지 않았고 지각도 이치를 여의지 않았다(所知覺者是理 理不離知覺 知覺不離理).'

9.《이정전서(二程全書)》에 정이천(程伊川)이 말하기를 '성이 곧 이이다(性卽理也).'

10.〈왕양명(王陽明)〉이 말하기를 '마음이 곧 이이다. 천하에 또 마음 밖의 일과 마음 밖의 이가 있겠는가?(心卽理也 天下又有心外之事 心外之理乎)'

11.《성리대전(性理大全)》에 주자가 말하기를 '이는 사가 없으면 의지하고 붙일 바가 없다(理無事 則無所依附).'

12.《성리대전(性理大全)》에 주자가 말하기를 '성은 진실로 이 이에 있다(誠者 實有此理).'

13.《이정전서(二程全書)》에 정자가 말하기를 '만물이 각각 한 이를 갖추었으니 모든 이가 한 근원에서 나온다. 그런 까닭에 가히 미루면 통하지 아니함이 없다(萬物各具一理 而萬理同出一原 所以可推而無不通也).'

14.《대학(大學)》에 '명덕이라는 것은 사람이 하늘에서 얻은 바로 텅 비고 신령하여 어둡지 않아 뭇 이를 갖추어서 만사에 감응하는 것이다(明德者 人之所得乎天而虛靈不昧 以具衆理而應萬事者也).'

15.《이정전서(二程全書)》에 정자가 말하기를 '한 물건의 이가 곧 만물의 이이다(一物之理 卽萬物之理).'

16.《이정전서(二程全書)》에 정자가 말하기를 '물물이 모두 이가 있다. 불의 원인은 덥고, 물의 원인은 차가운 것과 같다. 임

금과 신하, 부모와 자식 사이에 이르러서도 다 이가 있다(物物皆有理 如火之所以熱 水之所以寒 至於君臣父子間皆有理).'

17. 《이정전서(二程全書)》에 정자가 말하기를 '이와 마음은 하나이지만 사람은 능히 하나 됨을 알지 못한다. 몸이 있으면 저절로 사사로운 것을 좋아하고 사사로우면 만 가지로 달라지나니 마땅히 하나 되기가 어렵다(理與心一 而人不能會爲一者 有己則喜自私 私則萬殊 宜其難一也).'

18. 《이정전서(二程全書)》에 정자가 말하기를 '인륜이란 하늘의 이이다(人倫者 天理也).'

19. 《이정전서(二程全書)》에 정자가 말하기를 '예는 이이고 문이며, 이는 실이고 본이다(禮者 理也 文也 理者 實也 本也).'

20. 《이정전서(二程全書)》에 정자가 말하기를 '성이 곧 이에 이이니 이는 요순으로부터 백성에 이르기까지 한결같다(性則是理 理則自堯舜至於塗人一也).'

21. 《성리대전(性理大全)》에 주자가 말하기를 '이는 기와 떨어진 적이 없다. 그러나 이는 형이상의 것이고 기는 형이하의 것이다. 형이상과 형이하로 말한다면 어찌 선후가 없겠는가? 이는 형체가 없지만 기는 거칠어서 찌꺼기가 있다(理未嘗離乎氣 然理形而上者 氣形而下者 自形而上下言 豈無先後 理無形 氣便粗有查滓).'

22. 《이정전서(二程全書)》에 정자가 말하기를 '이 이가 천명

이니 순응하고 따르는 것이 곧 도이다(此理 天命也 順而循之 則道也).'

23. 《이정전서(二程全書)》에 정자가 말하기를 '궁리 · 진성 · 지명은 하나의 일이다. 궁리가 문득 진성이고 진성이 문득 지명이다. 인하여 기둥을 가리켜 말하기를 "그 나무가 가히 써 기둥이 된다는 것이 이이고, 그것이 굽거나 곧은 것은 성이며, 그것이 굽거나 곧게 되는 까닭은 명이니, 이와 성과 명은 하나일 뿐이다"(窮理盡性至命 一事也. 纔窮理便盡性 盡性便至命 因指柱曰 "此木可以爲柱 理也 其曲直者 性也 其所以曲直者 命也. 理性命一而已").'

24. 《이정전서(二程全書)》에 정자가 말하기를 '인심이 오직 위태롭다는 것은 인욕이요 도심이 오직 정미하다는 것은 천리이다(人心惟危 人欲也. 道心惟微 天理也).'

25. 《이정전서(二程全書)》에 정자가 말하기를 '인심은 사욕이기 때문에 위태롭고 도심은 천리이기 때문에 정미하다. 사욕을 없애면 천리가 밝아진다(人心私慾 故危殆 道心天理 故精微. 滅私欲則天理明矣).'

26. 〈상채사씨(上蔡謝氏)〉가 말하기를 '하늘은 이이요 사람도 또한 이이다. 이를 따르면 하늘로 더불어 하나가 되고 하늘로 더불어 하나가 되면 나는 내가 아니라 이이요 이가 아니라 하늘이다(天理也 人亦理也 循理則與天爲一 與天爲一 我非我也 理也

理非理也 天也).'

27.《성리대전(性理大全)》에 주자가 말하기를 '이는 문득 이에 마음의 있는바 이이요 마음은 문득 이에 이의 모인바 처지이다(理便是心之所有之理 心便是理之所會之地).'

28.《성리대전(性理大全)》에 주자가 말하기를 '지극히 작은 이와 지극히 나타나는 일은 하나로써 꿰인 것이다(至微之理 至著之事 一以貫之).'

29.《성리대전(性理大全)》에 주자가 말하기를 '천하의 이치는 지극히 텅 빈 가운데 지극한 실을 보존하고, 지극히 없는 가운데 지극히 있음을 보존한다. 무릇 이는 지유 가운데 의지하였지만 가히 눈으로 보아 가리키고 헤아릴 수 없다(天下之理 至虛之中 有至實者存 至無之中 有至有者存 夫理者 寓於至有之中 不可以目擊而指數也).'

30.《성리대전(性理大全)》에 주자가 말하기를 '바른 명령은 이치에서 나오고, 변하는 명은 기질에서 나온다. 요컨대 모두 하늘이 나에게 부여한 것이다(命之正者出於理 命之變者出於氣質 要之 皆天所付予).'

31.《성리대전(性理大全)》에 주자가 말하기를 '이가 기 가운데 있는 것은, 밝은 구슬이 물속에 있는 것과 같다. 이가 맑은 기 가운데 있는 것은 구슬이 맑은 물속에 있어서 투명하게 환히 비치는 것과 같고, 이가 탁한 기 가운데에 있는 것은 구슬이 탁한

물속에 있어서 밖에서는 전혀 밝은 빛을 볼 수 없는 것과 같다(理在氣中 與一箇明珠在水裏 理在淸底氣中 如珠在那濁底水裏面外面更不見光明處).'

32. 《성리대전(性理大全)》에 주자가 말하기를 '누가 없다고 말하는가? 진실로 그 이는 있다. 다만 그 공부는 매우 어려울 뿐이니, 모든 일을 제쳐두고 공부에 힘쓴 뒤에야 비로소 가능하다(誰人說無 · 誠有此理 只是他那工夫大段難做 除非百事棄下 辦得那般工夫 方做得).'

33. 《성리대전(性理大全)》에 주자가 말하기를 '태극은 다만 천지만물의 이일뿐이다. 천지로 말하면 천지 가운데 태극이 있고, 만물로 말하면 만물 가운데 각기 태극이 있다. 천지가 생기기 이전에도 틀림없이 이가 먼저 있었다. 움직여서 양의 기를 낳는 것도 이일뿐이며, 고요하며 음을 낳는 것도 이일뿐이다(太極只是天地萬物之理 未有天地先 畢竟是先有此理 動而生陽 亦只是理 靜而生陰 亦之是理).'

34. 《성리대전(性理大全)》에 주자가 말하기를 '천지가 생기기 이전에는 틀림없이 이만 있었다. 이가 있으면 천지가 있게 된다. 만약 이가 없었다면 역시 천지도 없었을 것이고 사람도 사물도 없었을 것이니, 실을 것이 전혀 없었을 것이다. 이가 있으면 곧 기가 유행하여 만물을 발육시킨다(未有天地之先 畢竟也只是理 有此理 便有此是天地 若無此理 便亦無天地 無人無物 都無該

載了 有理 便有氣流行 發育萬物).'

35. 《성리대전(性理大全)》에 주자가 말하기를 '세상에는 이 없는 기도 없고 기 없는 이도 없다. 기로 형체가 이루어지면 이도 거기에 부여된다(天下夫有無理之氣 亦未有無氣之理 氣以成形 而理亦賦焉).'

36. 《성리대전(性理大全)》에 주자가 말하기를 '만물의 근원이 같다는 점에서 보면 이는 같고 기는 서로 다르다. 만물이 다른 몸체를 가졌다는 점에서 보면 기는 오히려 서로 가깝지만 이는 절대로 같지 않다(論萬物之一原 則理同而氣異 觀萬物之而體 則 氣猶相近而理絶不同).'

37. 《성리대전(性理大全)》에 주자가 말하기를 '사람과 사물이 생겨날 때 하늘이 이를 부여한 것에는 차이가 없었으나. 다만 사람과 사물이 부여받으면서 자연히 차이가 생겼을 따름이다(人物之生 天賦之以此理 未嘗不同 但人物之受 自有異耳).'

38. 《성리대전(性理大全)》에 주자가 말하기를 '이가 있은 뒤에 기가 있다(有是理然後有是氣).'

39. 《성리대전(性理大全)》에 주자가 말하기를 '이는 오히려 정의도 없고 계탁도 없으며 조작도 없다(理却無情意 無計度 無 造作).'

40. 《성리대전(性理大全)》에 주자가 말하기를 '지각되는 것은 마음의 이이고 지각할 수 있는 것은 기의 신령함이다(所覺者

心之理也 能覺者 氣之靈也).'

41.《여유당전서(與猶堂全書)》(맹자요의[孟子要義])에 말하기를 '이란 본래 옥돌의 결을 가리키는 것이다. 이를 다루는 사람은 그 결을 살핀다. 그러므로 가차하여 다스리는 것을 이라고 한다(理者 本是玉石之脈理 治玉者察其脈理 故遂復?借 以治爲理).'

42.《도산전서(陶山全書)》24권에 말하기를 '정의와 조작이 없는 이것은 이의 본연의 체이요 그 의지의 발현에 따라 이르지 않는 것이 없는 이것은 이의 진신의 용이다(無情意造作者 此理本然之體也 其隨寓發現而不到者 此理至神之用也).'

43.《도산전서(陶山全書)》2권에 말하기를 '(理氣)스스로가 선후처가 있다고 말한다면 곧 진실로 이와 같은 것이다([理氣]自有先後處言 則固如此)'

44.《퇴계전서(退溪全書)》8권에 말하기를 '이는 끝내 기와 섞이지도 아니하고 기를 떠나지도 아니한다(理終不雜於氣 而亦不離氣.)' 또 말하기를 '그것이 나누어져도 또한 가히 서로 어지럽혀서 그 구별이 없게 해서는 안 된다(分則亦不可相紊而無其別也).'

45.《노사집(蘆沙集)》「납양사의(納凉私議)」에 말하기를 '일이면서 일찍이 분이 없지 않고 수이되 일에 해되지 않는 것이 이에 이의 자연함이다(一而未嘗無分 殊而不害於一者 乃理之自

然).'

46.《위암집(巍巖集)》7권에 말하기를 '천하에 이 없는 기가 있지 아니하고 또한 기 없는 이가 있지 아니하다(天下未有無理之氣 亦未有無氣之理).'

47.《율곡전서(栗谷全書)》에 말하기를 '이는 기의 주재요, 기는 이의 타는 것이다. 이가 아니면 기가 근저할 곳이 없고, 기가 아니면 이가 의착할 곳이 없다(夫理者 氣之主宰也 氣者理之乘也 非理則氣無所根? 非氣則理無所依着).'

48.《율곡전서(栗谷全書)》에 말하기를 '대저 발하는 것은 기요, 발하는 까닭은 이이니, 기가 아니면 능히 발하지 못하고 이가 아니면 발하는 바가 없다(大抵發之者氣也, 所以發者理也, 非氣則不能發 非理則無所發).'

49.《율곡전서(栗谷全書)》에 말하기를 '이와 기는 본래부터 합하여져 있었으나 합하는 때가 있는 것도 아니다. 이와 기를 나누어 보려고 하는 사람은 도를 알지 못하는 사람이다(理氣本合也 非有始合之時 欲以理氣二之者 皆非知道者也).'

50.《율곡전서(栗谷全書)》에 말하기를 '이른 바 기가 발함에 이가 탄다는 것은 기가 이보다 앞선다는 것이 아니다. 기는 유위하고 이는 무위하므로 그렇게 말하지 않을 수 없을 뿐이다(所謂氣發理乘也 非氣先於理也 氣有爲而里無爲 則其言不得不爾也).'

51. 《율곡전서(栗谷全書)》에 말하기를 '리통기국의 네 글자는 내 스스로 발견한 것이라고 한다지만 이가 독서를 많이 하지 못하여서 먼저 이런 말을 듣지를 못하였다(理通氣局 四字 自謂見得 而又恐珥讀書不多 先有此等言而未之見也).'

8. 성리학

1) 개 요

유학에 있어서 성명(性命)과 이기(理氣)에 대한 학문. 성리학에서 성명론은 인간 존재의 본질·구조·존재 근거에 대한 물음에 답하고자 하는 이론체계이며 이기론은 이와 기로서 우주 자연과 인간 만물의 생성 변화를 설명한 이론을 말한다. 성리학은 주자가 그 이론체계를 완성했기 때문에 '주자학(朱子學)'이라 하기도 하고 그 중심이 되는 인물을 칭하여 '정주학(程朱學)', 형성 발전한 시기를 중심으로 송명이학(宋明理學)이라고 칭하기도 한다.

2) 역 사

공자와 그 제자들의 사상을 중심으로 하는 초기 유학은 인간의 자연스런 정감에 기초한 현실 삶에서 도덕 실천을 위주로 하는 가르침이었다. 이는 오랫동안 중국인의 사고를 지배했고 정치 사회 교육 등에 두루 깊은 영향을 미쳤다. 유학사상은 그 발전과정에 따라 선진유학(先秦儒學) · 한대훈고학(漢代訓詁學) · 송명이학 · 청대실학(淸代實學)으로 구분할 수 있다. 이 가운데 성리학은 송명시대에 발달한 이학을 말한다. 곧 전래된 불교와 중국 도교의 이론적 체계가 깊어가면서 현상과 본질, 존재와 인식에 대한 이론이 체계를 잡아가고 초기의 소박한 도덕 실천을 위주로 하던 유학도 그 영향을 받게 되었다. 이와 함께 불교를 지배이념으로 하던 당나라가 몰락하면서 유학을 부흥시키려고 하던 유학자들은 인간의 본질을 존재론적으로 규명하고 도덕적 행위의 당연성과 당위성을 해명함으로써 도덕에 우주론적 근거를 부여하려고 했다.

유학자들은 이를 위해 불교와 도가의 형이상학적 학문 방법을 채택하여 유학 사상을 논리적으로 조직하고 추상화했다. 송대에 접어들어 유학은 불교와 도가의 사상을 수용함과 동시에 형이상학(形而上學)적인 이론 체계를 갖추어 재구성하게 된다. 송(宋)을 건국한 송 태조는 유학을 장려하고 천하의 진서(珍書)를 수집했으며, 태종(太宗)은 그 뜻을 계승하여 독서를 좋아하고 《태평어람(太平御覽)》 1천 권을 편수했으며, 진종은 공자의 시호(諡號)를 '지성문선왕(至聖文宣王)'으로 개칭하고 흥유정책(興儒政策)을 취했다.

이러한 시대적인 분위기 속에서 거유석학(巨儒碩學)들이 무수히 배출되어 학문 연구에서 자유롭고 비판적인 태도를 지니게 됨에 따라서 유학은 새로운 활기를 띠고 발전하게 되었다. 성리학의 단초는 당대의 한유(韓愈)에서 시작되는 것으로 보나, 성리학의 새로운 계기를 가져온 것은 주돈이(周敦頤)의 〈태극도설(太極圖說)〉과 《통서(通書)》이다. 주돈이는 〈태극도설〉에서 무극이태극(無極而太極)이라 하여 무극과 태극을 연칭함으로써 본체론에 대한 논의의 단초를 제공했고, 《주역(周易)》과 《중용(中庸)》을 중심으로 이론을 전개함으로써 가치세계와 존재세계의 관계, 인식세계와 체증세계의 관계를 논하는 형이상학의 문을 열었다. 동시대의 인물로서 장재(張載)는 태허즉기(太虛卽氣)론을 제기하여 태허가 기의 본체라고 하고 존재하는 일체의 사물은 일기취산(一氣聚散)의 과정에서 생성 변화한다는 이론을 제기하여 기론적 체계를 정립했다.

이들을 통해 실재론적 본체론이 확립되었다고 할 수 있다. 이정(二程)에 이르러 인간 주체성에 관심을 갖게 되었고, 가치세계의 근원으로서 본체론을 정립하려고 했다. 정호(程顥)는 천리(天理)를 논하여 인간 도덕심의 주체와 객관적 본체를 융통시키고자 했다. 그는 생생불이(生生不已)하는 천도가 객관적 본체임을 인정하면서 동시에 그 생생지도(生生之道)와 계지자선(繼之者善)을 인간 내면의 마음에서 성(性)과 명(命)으로 체증함으로써 천인합일의 본체를 확립했다. 정이(程頤)는 '인성(人性)은 곧 천리(天理)' 라는 '성즉리(性卽理)' 의 학설을 제창했다.

성리학이란 명칭은 바로 이 '성즉리' 에서 유래한다. 그는 형이상의 도와 형이하의 기를 구분하여 "일음일양(一陰一陽)하는 것을 도(道)라고 한다. 도는 음양이 아니다.《하남정씨유서(河南程氏遺書)》 일음일양하는 까닭(所以)이 도이다" 라고 한다. 음양(陰陽)은 기(氣)이며 기는 형이하자(形而下者)요 도는 형이상자(形而上者)이다. 곧 도는 소이(所以)요 형이상자며 기는 소연(所然)이요 형이하자이므로 도, 곧 이는 음양 즉 기와 범주를 달리한다고 한다. 주자의 이기론은 이러한 이정에게서 틀 잡혔다고 볼 수 있다. 그 후 주자는 주돈이의 정호 · 정이의 이(理)의 학설과 장재(張載) · 소옹(邵雍)의 기(氣)의 학설을 종합하여 이기론(理氣論)을 완성하고 심성론(心性論) · 수행론(修行論)을 갖추는 학문 체계를 이루었다.

성리학은 우주자연과 인간만물의 생성 변화와 그 구조와 존재 근거에 이르는 방대한 이론체계로 태극 이기의 본체론, 인간 존재 근거와 의미 도리를 밝히는 심성론, 이상적 인격론과 실천론을 제시하는 수행론을 갖추었다. 당시 상황에서는 유교의 경전에 대한 형이상학적 해석을 통하여 불교와 도가를 극복할 수 있는 철학적 이론 체계를 정립한 것이라 할 수 있다.

그러나 새롭게 이론체계를 정립한 근세유학은 유학 이념의 순수성을 보존하기 위해 불교와 도가를 비판한다. 비판의 초점은 불교의 반인륜성과 도가의 반문화주의에 집중되었다. 깨달음을 위해서는 인륜에 대한 집착까지도 놓아야 한다고 주장하는 불교나 인류의 문화유산을 부정하고 자연주의를 표방하는 도가는 인간의 삶을 발전시키는 데 도움이 되지 않는다는 것이었다.

이와는 달리 육구연(陸九淵)은 '심즉리(心卽理)'를 주장했다. 이를 명대의 왕수인(王守仁)이 계승하여 양명학(陽明學)을 정립했다. 중심인물을 중심으로 육왕학(陸王學)이라고도 칭한다. 양명학도 성리학의 한 부류로 분리하기도 하나 일반적으로 성리학이라고 하면 주자학을 지칭한다. 이러한 송명이학이 후대에 이르러 공소한 관념론에 빠지게 되자 청대에는 이에 반발하여 고증학이 발달하고 서양과학사상의 수입과 더불어 실사구시(實事求是)의 학풍을 주장하는 실학이 일어나게 되었다.

3) 원불교에서의 의미

성리학은 한국에서 조선시대의 지배이념으로 받아들여져 정치 · 사회 · 교육 · 문화에 두루 깊은 영향을 미쳤다. 원불교의 사상적 기반으로서도 성리학은 깊이 뿌리하고 있다.

원불교가 창립되는 시기가 오랫동안 성리학을 통치이념으로 삼았던 조선시대를 거쳐 개화기를 맞는 전환기였으므로 대부분의 지식인들이 성리학에 대한 지적 소양과 비판적 견해를 동시에 지녔다고 할 수 있다.

특히 원불교 교리 형성 과정에 깊이 영향을 미친 정산 종사는 출가 이전에 성리학에 깊은 수습이 있었고 초기 제자들 가운데에도 유학을 사상적 기반으로 하는 이들이 있었다. 그들의 초기 교단에서의 역할과 교리 형성에 미친 영향은 간과할 수 없다. 〈원불교대사전〉

9. 조선 성리학(朝鮮性理學)

유학(儒學)의 한 형태로서, 중국 송대(宋代)에 발생한 성리학이 조선에 들어와 전개된 학문. 조선 성리학이라 할 때는 이것이 조선 유학사상의 주류를 이루었다는 측면에서 조선 유학 전체를 지칭하는 것으로 사용되기도 한다. 성리학은 선진(先秦)의 근원 유교나 경서(經書) 주석을 주로 한 한(漢)·당(唐)의 훈고학(경학)과는 성격을 달리 한다. 성리학이라고 한 것은 '성(性)' 이나 '이(理)' 를 논하는 일종의 철학적 이론의 학문이라는 것이다.

경서(특히 『주역』『사서』를 중심으로)의 새로운 해석을 통하여 '이기론(理氣論, 本體論)', '심성론(心性論)', '수양론(修養論)' 등이 전개되었다. 성리학의 다른 명칭으로는 송대에 이루어졌다 하여 송학(宋學)이라고도 하며, 정호(程顥)·정이(程頤) 형제와 주희(朱喜 :朱子)에 의하여 체계화되었다 하여 정주학(程朱學) 또는 주자학(朱子學)이라고도 한다. 또한 새로운 유학이라는 의미로 신유학(新儒學, Neo-Confucianism)이라고도 한다.

그 주류는 이학(理學) 또는 도학(道學)이라고 불리는 주자학과 심학(心學)이라 불리는 육왕학(陸王學 : 陸九淵 · 王守仁 계통의 학파)과 양명학(陽明學)의 양대 학파이다. 그러나 흔히 성리학이라 할 때는 좁은 의미로 주자학 계통만을 일컫는 것이 상례이다. 조선 성리학은 특히 이학계통의 주자학이 정통으로서 주류를 이루었다. 그리하여 조선 성리학을 흔히 주자학이라고 일컫는다.

주자학으로서의 성리학은 우리나라에 고려 말 충렬왕(忠烈王) 때 원나라로부터 안향(安珦)에 의해 전래되었다. 안향은 1289년(충렬왕 15년)에 원나라에 들어가 『주자전서(朱子全書)』를 베끼고, 공자 · 주자의 상(像)을 그려 가지고 왔다.

고려 말의 사회풍조는 노불사상(老佛思想)의 지나친 신비주의에 빠져 침체를 면치 못하고 있었다. 따라서 민족 국가의 차원에서 새로운 학풍 진작이 요구되었다. 원나라의 예속에서 벗어나 자주적 독립성을 강조하는 데 있어서도 주자학은 윤리적이며 합리적인 차원과 함께 사회 국가적으로 적극적이고 문화적인 활력이 될 수 있다는 점에서 환영을 받았다.

고려 말의 성리학은 성균관을 중심으로 안향 · 백이정(白頤正) · 권부(權溥) · 이색(李穡) · 정몽주(鄭夢周) · 길재(吉再) 등에 의해서 계승되었다. 고려가 망하고 조선이 성립하는 과정에서 사상적 전환의 계기가 된 '배불숭유(排佛崇儒)' 운동으로 성리학은 더욱 발전하게 되었다.

한편 성리학은 고려 말에서 조선시대에 이르면서 크게 2대 계열로 나누어졌다. 하나는 정몽주에서 시작된 의리학파이다. 이 계열의 학풍은 인간의 내면적 본성을 강조하고 만고불변의 도덕의식을 개발하는 데 그 주안점이 있었다.

다른 하나는 정도전(鄭道傳) · 권근(權近) 계열로서 조선의 훈구파 정치인들에게 많은 영향을 주었다. 여기서는 불변의 인간성 개발보다는 상황에 대응하는 창조적 변혁을 강조하며, 관념적 의리나 도덕보다는 인간의 의지적 연마와 지식의 개발, 그리고 문화의식을 고취하는데 그 중점을 두었다.

조선 유학사상사의 정통을 말할 때 정도전 계열보다는 정몽주 계열의 학맥을 연원으로 삼는데, 이 점이 조선성리학의 특색이다.

정몽주에서 시작된 이러한 성리학은 그 후 길재(吉再), 김숙자(金叔滋), 김종직(金宗直), 김굉필(金宏弼), 조광조(趙光祖) 등으로 이어졌다. 조선 성리학은 4대 사화(四大士禍) 이후 선비들이 실천유학으로서의 지치주의(至治主義)보다 산림에서 학문에 전념하는 풍조가 일어나 이론적이며 사변적인 학풍 조성으로 그 전성기를 맞았다. 15~16세기가 절정기로서 이황(李滉)과 이이(李珥)가 그 대표로 조선 성리학의 쌍벽을 이루었다. 이황은 기대승(奇大升)과 더불어, 이이는 성혼(成渾)과 더불어 사단칠정(四端七情)에 관한 논변을 통하여 이기성정론(理氣性情論)과 인심도심설(人心道心說) 등을 활발히 전개하였다.

한편, 내면적 도덕 원리인 인성론(人性論)은 송익필(宋翼弼), 김장

생(金長生), 김집(金集) 등에 의해 유학의 행동 규범인 예설(禮說)로 전개되었다.

특히 사단칠정론의 인성(仁性)에 대한 분석과 변론은 보편적 이념인 성품이 인간과 동물에 있어서 같은가 다른가를 물었던 호락론(湖洛論)의 인물성동이(人物性同異) 문제에 관한 논쟁으로 발전하였다.

한편 이기론(理氣論)은 조선 전기에는 이·기의 조화를 추구하는 입장이 우세했던 반면, 중기 이후에는 그 중 어느 한 면만을 강조하는 경향이 나타났다. 곧 주리론(主理論)과 주기론(主氣論)을 주장하는 양파로 갈라졌다. 이 주리·주기의 논쟁은 조선 성리학의 양대 분파로 발전하였다.

조선 성리학의 특징으로는 자연이나 우주의 문제보다 인간의 내면적 성정(性情)과 도덕적 가치(價値)의 문제를 추구한 것을 지적할 수 있다. 또한 사단칠정론, 인심도심설(人心道心說), 그리고 주리(主理)·주기(主氣)의 쟁점에서는 중국 성리학보다 진일보한 일면이 있다는 평가를 받는다. 〈철학사전〉

10. 심 학(心學)

1) 개 요

'심(心)' 을 기본 관념으로 하는 사상. 심학은 공자(孔子)와 맹자(孟子)로부터 시작되었고, 송대(宋代)의 육구연(陸九淵)과 명대(明代)의 왕수인(王守仁)에 의해 크게 흥기되었다. 넓은 의미로는 마음을 수양하는 학문으로 유학 전체를 말하기도 하나, 일반적으로 성(性)을 최고 원리(理)로 하는 정주(程朱)의 철학을 성리학(性理學)이라고 하는 데 대해서 심을 최고 원리로 하는 육구연 · 왕수인 계열의 철학을 심학(心學)이라고 한다.

2) 유가의 심학

맹자는 중요한 철학적 문제를 내면의 심으로 귀착시키고,《맹자 진심상》"만물은 모두 나에게 갖추어져 있다(萬物皆備於我)" 고 했다. 맹자는 심을 철학의 핵심으로 하고 여러 곳에서 '심' 을 말하고 있으면서도 '심학' 이라는 말은 사용하지 않았다.

육구연(陸九淵)이 자신의 학문은《육상산전집(陸象山全集)》35권에 "맹자를 읽고 자득(自得)한 것" 이라고 말하면서, 주자의 '성즉리(性卽理)' 설과는 달리 '심즉리(心卽理)' 설을 천명함으로써 비로소 심학의 기초가 확립되었다. 육구연에 의하여 확립된 심학의 기초는 명대의 왕수인(王守仁)에 이르러 완성되고 '심학' 이라는 용어도 적극적으로 사용되었다.

그는 "성인(聖人)의 학문은 심학이다. 요(堯) · 순(舜) · 우(禹)가 서로 전한 이른바《육상산전집》서에 '인심은 위태하고 도심은 은미하니 오직 정미하게 살피고 한결같이 하여 진실로 그 중을 잡으라(人心惟危 道心惟微 惟精惟一 允執厥中)' 는 말이 곧 심학의 연원이다"라고 했다. 왕수인은 맹자를 심학의 창시자로 보았다. 그는 맹자와 육구연의 학문에 적극적인 영향을 받아 치양지(致良知)의 학을 제창함으로써 송명의 심학을 완성시켰다.

심학은 시비(是非) · 선악(善惡)의 판단 및 그것에 기초한 도덕적 실천행위에 있어서 사람의 마음(心)이 갖추고 있는 능력과 주체성을 중시하는 입장을 취한다. 정주학(程朱學)이 객관적인 사물의 이치를 궁구하는 것을 중시하는 데 비해 직접적으로 주체와 심을 수련하고 그 완성된 심에 의해 만사에 대처해야 함을 역설한다. 그 결과 직접적인 깨달음과 순수 주관에 의해 인식하고 판단하는 경향이 강하다.

또한 심의 성을 강조하기 때문에 상대적으로 심의 권위를 경서(經書)의 권위보다 상위에 놓는 경향이 있다. '육경(六經)은 내 마음의 기록이다' 라는 왕수인의 말은 이를 잘 말해주고 있다.

이러한 심학의 특징은,

첫째 심을 우주의 본체(本體)로 보고,

둘째 일신(一身)의 주재(主宰)로 보며,

셋째 모든 이치와 덕(德)은 심에로 귀착되고,

넷째 성현 공부는 마땅히 심에서 구해야 한다는 내용으로 요약될 수 있다.

송대에서는 심학을 선학(禪學)과 동일시하여 비판하는 사람이 많았기 때문에 왕수인은 성인의 심학과 선학의 심학은 구별된다고 한다. 그러나 단지 유 · 불(儒佛) 윤리학의 대강(大綱)만을 들어 설명하고 있을 뿐 그 동이(同異)를 분명히 밝히지 못했다. 이 양자의 구별을 명확히 한 것은 진청란(陳淸瀾)이었다.

그는《학부통변(學蔀通辯)》에서 "공맹(孔孟)은 의리(義理)로서 심을 말했고 선학은 지각(知覺)으로 심을 말했다."라고 하여 성현의 심학은 의리로써 근본을 삼고 선학은 지각으로 근본을 삼았다고 하면서 육 · 왕(陸王)의 학문을 선학과 같은 것으로 배척했다.

청대의 고염무(顧炎武)도《일지록(日知錄)》심학(心學)에서 '심학' 두 자는 육경과 공 · 맹이 말하지 않은 것이라 하여 당시의 심학에 심취하여 선학의 폐단에 빠져버린 학자들을 비난했다.

우리나라에서 유학은 정주학을 위주로 발달했으므로 양명학을 의미하는 심학은 활발히 연구되지 않았다.

그러나 심학을 마음을 해석하고 수양하는 학문이라는 넓은 의미에서 정의한다면 조선의 유학이 심성을 위주로 전개했다는 점에서 주목할 만하다.

3) 원불교의 심학

원불교의 수행은 마음을 탐구하고 사용하며 실현하는데 깊이 관련되어 있으므로 기본적으로는 심학과 상통되는 면이 있다. 소태산 대종사는 물질문명이 발달함에 따라 사람의 정신이 쇠약해져 가는 현상을 우려하고 정신개벽을 제창했다. 원불교에서는 무엇을 배우느냐는 질문에 대한 답에서 이러한 입장은 선명하게 드러난다.

"대체적으로 대답한다면 나는 모든 사람들의 마음 작용하는 법을 가르친다고 할 것이며, 거기에 다시 부분적으로 말하자면 지식 있는 사람에게는 지식 사용하는 방식을, 권리 있는 사람에게는 권리 사용하는 방식을, 물질 있는 사람에게는 물질 사용하는 방식을, 원망 생활하는 사람에게는 감사 생활하는 방식을, 복 없는 사람에게는 복 짓는 방식을, 타력 생활하는 사람에게는 자력 생활하는 방식을, 배울 줄 모르는 사람에게는 배우는 방식을, 가르칠 줄 모르는 사람에게는 가르치는 방식을, 공익심 없는 사람에게는 공익심이 생겨나는 방식을 가르쳐 준다고 하겠노니, 이를 몰아 말하자면 모든 재주와 모든 물질과 모든 환경을 오직 바른 도로 이용하도록 가르친다 함이니라." (《대종경》 교의품29)

마음 작용하는 법을 배워 마음을 바르게 사용하도록 하고, 그에 의해 인간의 모든 문명이 바른 도(道)로 이용되도록 하는 것이 핵심적 가르침이라는 것이다. 또 인간의 가치 실현도 마음에 따라 이루어지는 것으로 본다.

"한 마음이 선하면 모든 선이 이에 따라 나타나고 한 마음이 악하면 모든 악이 이에 따라 일어나나니 그러므로 마음은 모든 선악의 근본이 된다." (《대종경》 요훈품3)

정산 종사에 의하면 마음은 인간의 삶과 가치영역에 한정되지 않는다. 이는 우주 자연에까지 그 범위가 확대되고 있다. 〈원불교대사전〉

제二편

『대적공실(大積功室)』 원문해의

Ⅰ. 중생 제도 마쳤다

"세존이 도솔천을 떠나지 아니하시고 이미 왕궁가에 내리시며 모태 중에서 중생 제도하기를 마치셨다" 하니 그것이 무슨 뜻인가?

(世尊未離兜率 已降王宮 未出母胎 度人已畢)

이 의두는《정전(正典)》수행편 제5장「의두요목(疑頭要目)」제1조에 기재되어 있다.

불교의 경전인 『화엄경(華嚴經)』에는 "세존미리도솔 이강왕궁 미출모태 도인이필(世尊未離兜率 已降王宮 未出母胎 度人已畢)"이라 하였다. 즉 "세존이 도솔천을 여의지 아니하고 이미 왕궁에 내렸으며 아직 어머니 태중에서 나오지 않았는데 사람을 제도하여 이미 마쳤다"라고 할 수 있다.

결국 우리 『정전』에서는 『화엄경』에 실려 있는 공안(公案)을 빌려다가 우리의 "의두요목"으로 삼은 것이라고 할 수 있다.

1) 세존(世尊)

석가모니(釋迦牟尼, Sakyamuni 기원전 624?~544?)는 불교의 교주(教主)이다. 석가(釋迦)는 부족명(部族名)으로서 능하고 어질다는 뜻이고 모니(牟尼)는 수행자나 성자라는 뜻이다. 석가모니는 석가족(釋迦族)의 성자(聖者)라는 존칭이다. 기타 세존 · 석존 · 불 · 여래 등 존칭 10개와 아명(兒名)인 싯다르타 고타마가 있으며, 서양에서는 고타마 붓다라고 흔히 부른다.

석가모니의 생몰년을 두고는 근거가 없는 탓에 여러 주장이 분분하다. 세계불교도대회에서는 기원전 624년~기원전 544년으로 공식 채택했다. 기타 기원전 563년~기원전 483년설, 기원전 565년~기원전 485년설, 기원전 463년~383년 설 등이 있다.

석가모니는 석가족(釋迦族)의 중심지에서 주변 강성한 여러 부족

사이에서 고초를 겪던 약체(弱體) 부족인 카필라 족장(族長)인 슈도다나의 장남으로서 태어났다. 16세 때에 골리 부족(部族)의 딸 야쇼다라(Yaśodhara)와 혼인하여 아들 라훌라를 얻었다. 인간의 삶은 생로병사와 윤회의 고통으로 이루어져 있다고 생각하고 거기서 벗어나는 길을 찾겠다고 가족을 버리고 29세 때 출가하였다.

두 선인(仙人)을 차례로 찾아서 그들이 체득한 수행법을 흉내를 냈으나 그 수행법에 불만족했으므로, 산림으로 들어가 6년간 고행했으나 고행은 무의미하고 중도가 긴요하다고 판단하여 부다가야의 보리수에서 선정을 수행하여 35세에 득도(得道)하였다고 확신하고서 교화(教化)한다고 인도의 도처(到處)를 편력(遍歷)하다가 쿠시나가라에서 80세(혹 79세)로 열반하였다.

※ 석가세존의 10호(號)

①여래(如來, Tathāgata): 참 됨을 몸소 갖추고 있는 분.

②아라한(阿羅漢, Arhat): 세상에서 공량과 우러름을 사고 있는 분.

③정각자(正覺者, Sambuddha): 올바로 깨달음을 얻은 분. 길게는 무상정등각자(無上正等覺者 Anuttara Samyaksambuddha) 혹은 정등각자(Samyaksambuddha)로 일컬어짐.

④명행족(明行足, Vidyācarana Sampanna): 하는 일에 허물이 없는 분.

⑤선서(善逝, Sugata): 뛰어나게 참됨에 다다른 분.

⑥ 세간해(世間解, Locavit): 세상의 이치를 깨달은 분.

⑦ 무상사(無上士, Anuttara puruṣa): 가장 높은 자리에 계신 분.

⑧ 조어장부(調御丈夫, Puruṣadamya sārathin): 사람을 다루고 바르게 이끌어 가는 분.

⑨ 천인사(天人師, Śāstā devamanuṣayānām): 신들과 사람들을 가르치시는 분.

⑩ 세존(世尊, Bhagavat): 세상에서 가장 높이 받들어지는 분.

또한 팔만대장경의 기록에 보면, 제자들은 석가모니를 "세존이시여", "고담(고타마의 한역)이시여", "여래께서" 등으로 부르고 있다.

2) 도솔천(兜率天)

도솔천(兜率天, Tuṣita)은 고대인도(불교)의 세계관에서 천상(天上)의 욕계(慾界)중 네 번째 하늘나라(天上 4,000년=人間世 584,000,000년)에 머무르는 곳이다.

도솔천은 수미산(須彌山, Sumeru mountain) 정상에서 12만 유순(由旬, 고대 인도의 거리 단위, yojana) 떨어진 곳에 위치하고 있다고 한다. 도솔천은 내원(內院)과 외원(外院)으로 나뉜다. 내원은 내원궁(內院宮)이라고도 하며, 석가모니가 남섬부주(南贍部洲, 인간세계)에 내려오기 전에 머물던 곳으로, 현재는 미륵보살이 지상에 내려갈 때를 기다리며 머무르고 있는 곳이라고 한다. 외원은 여러 천인(天

人)들이 모여 행복과 쾌락을 누리는 곳이다. 덕업을 쌓고 불심이 깊은 사람만이 죽어서 도솔천에 다시 태어날 수 있다고 하며 때로는 문학에서 정신적 이상향으로 간주되기도 한다.

3) 왕궁(王宮)

석가모니의 부모가 사는 집. 석가모니가 태어나 출가하기 이전까지 살던 집. 슈도다나(Śuddhodana)는 불교의 창시자 싯다르타 고타마의 아버지이다. 정반왕(淨飯王), 백정왕(白淨王), 진정왕(眞淨王)이라고도 하며, 음역하여 수도타나(首圖馱那), 수두단나(輸頭檀那), 열두단(閱頭檀, 悅頭檀)이라고도 불린다. 그는 카필라 성(가비라성)의 성주였으며 라자(왕)의 지위에 있었으나 실제로는 조그마한 나라의 공화 정치 대표자였다. 싯다르타를 깊이 사랑하여 그가 출가(出家)하려는 마음을 가지고 있는 것을 알고 이를 막아보려 여러 가지로 애를 썼으나 뒤에 싯다르타가 정각(正覺)에 도달하여 불교를 펴게 되자 스스로 나아가 독실한 귀의자(歸依者)가 되었다. 76세 혹은 97세까지 살았다고 한다.

4) 모태(母胎)

석가모니를 잉태하여 낳은 마야부인(摩耶夫人)의 태중(胎中)을 말한다. 마야부인은 불교의 창시자 싯다르타 고타마의 어머니이다.

마하마야(Mahamaya)라고도 한다. 구리성(拘利城, 데바다하)의 집정관 선각장자(善覺長者)의 딸로 태어나 이웃 나라 정반왕(슈도다나)의 왕비가 되었다. 오랫동안 자식을 낳지 못하다가 45세에 싯다르타를 잉태하여 당시 인도의 습관에 따라 친정에 가서 해산하기 위하여 구리성으로 가는 도중 룸비니의 숲속에서 싯다르타를 낳았다고 한다. 싯다르타의 출산 후 7일 만에 죽었다.

5) 중생(衆生)

① 중생(衆生)은 산스크리트어 사트바(sattva)의 번역어로 유정(有情)이라고도 한다. 모든 삶을 누리는 생류(生類)를 가리키며, 초목이나 흙 · 돌 같은 비정(非情) · 비유정(非有情) 또는 무정물(無情物)에 대하여 인간을 비롯한 의식감정을 지닌 생물을 말하고, 특히 미망(迷妄)의 세계에 있는 것의 뜻으로 쓰인다.

② 생명을 가진 모든 것들. 지수화풍 사대로 이루어진 육체를 가진 모든 생명체의 총칭. 일반적으로는 미혹의 세계에 있는 생류(生類)를 가리킨다. 현실의 동물 외에 용(龍) · 나찰(羅刹) · 야차(夜叉) 및 상상의 새 건달바(乾達婆) · 가루라(迦樓羅) 등의 신화적 · 공상적 존재도 또한 중생으로 간주되며, 중생은 해탈할 때까지 윤회를 반복한다. 그 윤회의 범위로서 불교에서는 지옥 · 아귀 · 축생 · 수라(修羅) · 인간 · 천도(天道)의 육도(六道)로 구분한다.

③ 불교에서 인간을 비롯하여 생명을 가진 모든 생물을 가리키는 불교용어. 유정(有情)이라고도 하며, 윤회하는 영혼이 머무는 상태를 가리키는 말이다.

④ 종교적 의미에서는 높은 경지에 도달한 존재, 즉 부처 · 보살과 구별하여 아직 미혹에 빠진 사람 및 동물을 가리킨다. 불보살의 구제의 대상이 되는 인간들. 보통의 경우에는 아직 불보살이 되지 못한 범부들을 지칭할 때 사용하기도 한다.

6) 제도(濟度)

① 불보살이 범부중생들을 생사고해에서 건져 성불 해탈하는 열반의 피안으로 인도해 주는 것. 여기에서 다른 사람을 제도(濟度)하기 전에 자기 자신을 먼저 제도하는 것이 더 중요하다. 자신을 제도하는 것을 자도(自度)라 하고, 다른 사람을 제도하는 것을 타도(他度)라 한다.

② 불보살이 중생을 고해에서 건지어 성불 해탈하는 열반의 피안인 극락세계로 인도해 주는 것. 교화(敎化)와 같은 말로 쓰인다. 제도에는 타인을 구원하는 제도와 자기 자신이 스스로 해탈하는 제도가 있다. 전자를 '자도(自度)' 라 하고, 후자를 '타도(他度)' 라 한다. 불보살들은 온갖 방편과 무량한 법문으로 중생을 제도한다. 다른 사람을 제도하기도 어렵지만 자기 자신을 제도하는 일이 더 어렵기 때문에

수행자들은 자기 제도를 위해 고행 난행을 서슴지 않는다. 다른 사람을 제도하기 전에 자기 자신을 먼저 제도하는 것이 더 중요하다.

■ 해 의

1

이 글은 《화엄경》〈이세간품(離世間品)〉의 십종미세취산문(十種微細趣散文)의 내용을 뜻만 간추려서 간략히 소개한 것이라고 할 수 있다.

선문(禪門)에서 대단히 중요시 하는 글이기 때문에 많은 조사들이 송(頌)을 붙이고 법거량(法擧量)을 한 글들을 모은《선문염송(禪門拈頌)》제1칙에다가 실었다. 다시 말하면《화엄경》의 내용이 선문 공안의 제1칙이 되는 셈이라고 할 수 있다.

불교는 세존이 탄생함으로부터 출발한다. 그래서 선문의 화두공안(話頭公案)이라 하더라도 세존으로부터 이야기를 시작하는 것이 순서이며 세존의 이야기는 또한 탄생으로부터 시작하는 것이 상식이다.

그러므로 불교를 거량(擧量)하는 사람치고 이 문제를 한두 번 말하지 않은 이가 없을 정도로 매우 유명한 화두이며 공안이다.

그런 의미로 볼 때 이 공안을 타파(打破)하면 부처의 인품을 이룰 것이요 그렇지 못하면 중생을 벗어날 수가 없다 하여도 과언이 아니므로 정성들여 공부하여 공안을 해결하여야 한다.

이를 총체적으로 말한다면 다음 세 가지로 묶어 볼 수 있다.

시공일장(時空一場)이요,

생불동인(生佛同人)이요,

제수본무(濟受本無)이다.

이 공안의 의미를 더 구체적으로 말하자면 "시간과 공간은 한 마당이요, 중생과 부처는 같은 사람이며 제도하고 받음은 본래 없다." 라고 말을 할 수 있다.

이를 좀 더 풀어본다면 시간(時間, time)에 대해서,

'① 어떤 시각과 시각과의 사이 ② 시각 ③ 과거 · 현재 · 미래가 내리 무한하게 유전하여 연속하는 것이라' 고 하였다.

과거 · 현재 · 미래가 없다. 부처님이 과연 태어났는가? 만일 태어났다면 언제 태어났는가? 3천 년 전인가 아니면 지금인가?

과거에서 보면 그때가 현재였고 그때 이전이 과거였으면 다가오는 그때가 미래이다. 결국 3세라는 것이 사람이 자의적으로 나누어 놓은 것이지 시간이 만들어 놓은 것은 아니다.

그러므로 3세란 없는 것이요 항상 지금, 이 자리, 이 시간만 강연이 있어지는 것이라고 보아야 한다.

또한 공간(空間, space)도 '아무것도 없는 빈 곳' 이라고 사전에서 풀이를 한다. 대저 없다. 아무 것도 없다. 있으면 공간이 아니다. 먼지 하나 있고, 눈썹 하나만 있어도 공간은 아니다. 텅 빈 공간이 될 수가 없다.

그러니 걸림이 없는 저《화엄경》의 눈으로 볼 때 어찌 도솔천과 카필라성이 나뉘고 떨어진 곳이겠는가? 결국 한 마당이다. 또 한 도량이다. 또한 인도의 카필라성과 대한민국의 서울이 한 마당이요 한 도량이며 또한 도솔천과 서울이 한 마당이요 한 도량이다.

뿐만 아니라 도리천, 야마천, 타화자재천은 물론 미국, 중국, 유럽, 아프리카 등 모두가 한 마당이요 한 도량이다.

2

다음으로 중생과 부처의 문제이다.

과연 중생과 부처가 있는가? 있다면 무엇을 기준해서 있다고 할 수 있는가? 지우(智愚)의 차별인가? 빈부(貧富)의 유무(有無)인가? 왕궁가와 서가(庶家)의 차이인가?

아무리 생각을 해 보아도 구분을 지을 만한 소재가 없다. 그러면 부처와 중생이 같은 사람이요 중생과 부처가 한 마음을 지닌 사람이라고 할 때 분별을 끊는 것이 제일 중요하다.

이 분별이 바로 망연(妄緣)이다. 망령된 인연만 없으면 누구나 여여한 부처라고 경문에 밝혀 놓았다. 그래서 우리가 깨달음과 깨닫지 못함 이전에 망연을 없애는 것이 중요하다고 하지 않을 수 없다.

다음으로 제도함과 제도 받음의 문제이다.

과연 제도할 자가 따로 있는가? 또 제도를 받을 자가 따로 있는가? 누가 누구를 제도하고 누가 누구에게 제도를 받는다는 말인가? 이미 제도되어진 사람으로 오고가고 제도되어진 생령으로 생사(生死)를 반복하는 것이라고 볼 때 제자(濟者)와 수자(受者)는 있는 것이 아니요, 제도(濟度)와 득도(得度)도 없는 것이라고 할 수 있다.

이러한 상황에 아주 합당한 운문 선사(雲門禪師)의 이야기를 덧붙이자면 이 공안을 '운문끽구자(雲門喫狗子)' 라고 한다.

부처님은 태어나면서 한 손으로는 하늘을 가리키고 한 손으로는 땅을 가리키며 일곱 발을 두루 다니고 눈으로 사발을 돌아보며 이르기를 "하늘 위나 하늘 아래 오직 내가 홀로 높다"는 말이다.

그런데 이 일화를 두고 운문 선사가 말하기를 "내가 당시에 만약 보았다면 하나의 몽둥이로 때려잡아 주린 개의 먹이로 주어서 천하의 태평이 도모되기를 바라리라(「世尊初生下, 一手指天, 一手指地, 周行七步, 目顧四方云『天上天下, 唯我獨尊!』師曰『我當時若見, 一棒打殺與狗子喫, 貴圖天下太平』」) 하였다.

그 뒤에 낭야혜각 선사(瑯琊慧覺禪師)가 이렇게 말을 했다.

"운문이 가히 깊은 마음을 가지고 진찰에서 받든 것이라 이르리니 이에 부처의 은혜에 보답한 것이라 이름 하리라(雲門可謂將此深心奉塵刹, 是則名爲報佛恩)" 하였다

결국 부처님이 "하늘 위나 하늘 아래 오직 내가 홀로 높다(天上天下唯我獨尊)"는 말은 인간의 탄생은 똑 같은 것이요, 또한 자아(自我)의 절대성(絶對性)은 인간 누구나 본성이나 본심에는 차별이 없이 같은 것이지만 후일 수행의 심불심(深不深)이나 각불각(覺不覺)

에 의하여 부처와 중생, 성인과 범부로 구별되어 진다.

총괄적으로 결론을 지어 말하자면 무불무시(無佛無時)이요 무제무수(無濟無受)이다. 이 말은 부처도 없고 시간도 없다. 제도도 없고 (제도) 받을 것도 없다는 의미이다.

부처가 어디 있는가? 3천 년 전에 인도에서 태어났다. 그렇다면 3천 년 이전에는 어디에 있었는가? 천상의 도솔천에 있었다고 전해진다. 또한 그렇다면 천상의 도솔천 이전에는 어디에 있었는가?

이렇게 유추를 한다면 결국 부처는 없다. 없는 부처를 있는 것이라고 예정(豫定)을 해서 세워놓고 횡설수설(横說竪說)하며 왈가왈부(曰可曰否)하고 있다.

다음으로 시간이 없다. 시간을 사람의 편리에 따라 만들어서 사용하고 있다. 시간이라는 그 무엇이 자기의 의지대로 가기도 하고 오기도 하는 것인가? 그렇지 않다. 우리가 그렇게 받아드리고 있을 뿐이다.

가령 사람은 낳고 살다가 죽는다. 여기에 직접적인 작용을 하는 것이 흔히 시간이라고 말을 한다. 그러나 시간이 이렇게 만드는 것이 아니라 저절로 그렇게 되어가고 있는 것뿐인데 공연히 사람이 그 사이에 끼어서 사단(事端)을 만들어 낸다.

3

다음으로 제도가 없다. 누가 누구를 제도한다는 것인가? 제도를 주관하는 어떤 주체자(主體者)가 있는가? 주체자가 없는 것이라면 제도라는 것도 있을 수 없는 허설(虛說)이요 가설(假說)에 지나지 않는다.

다음으로 제도를 받을 대상이 있는 것인가? 무엇이 제도를 받는 것이며 어떤 것이 제도를 얻는 것인가? 즉 제도가 되는 어떤 피조물(被造物)이 과연 있는 것인가?

피조물이란 무엇인가? 통칭 조물주(造物主)에 의해서 만들어진 모든 물상을 말한다. 즉 우주의 삼라만상(森羅萬象)을 말한다고도 할 수 있다. 그러면 조물을 한 조물주가 과연 있는가? 대체적으로 없다고 단언을 한다. 이렇게 조물주가 없다면 조물도 없다. 이처럼 조물이 없듯이 우리들도 제도를 받음이 없다.

《금강경(金剛經)》 3장에 "부처님이 수보리에게 고하기를 '모든 보살마하살은 반드시 이와 같이 그 마음을 항복 받을지니라. 보살은 온갖 중생들의 종류인, 알에서 태어나는 것 · 태에서 태어나는 것 · 습기에서 생기는 것 · 변화하여 생기는 것 · 형상이 있는 것 · 형상이 없는 것 · 생각이 있는 것 · 생각 없는 것 · 생각이 있지도 않고 생각이 없지도 않은 것들을 모두 무여열반에 들게 하여 제도하느니라. 이와 같이 한량없고, 헤아릴 수 없고, 가없는 중생들을 제도하지만 실은 제도를 얻은 중생은 없느니라' (佛이 告須菩提하사대 諸菩薩

摩訶薩이 應如是降伏其心이니 所有一切衆生之類인 若卵生과 若胎生과 若濕生과 若化生과 若有色과 若無色과 若有想과 若無想과 若非有想非無想을 我皆令入無餘涅槃하야 而滅度之호리니 如是滅度無量無數無邊衆生호대 實無衆生得滅度者니라)"고 하였으니 제도할 자도 없고 제도 받을 자도 없다.

송왈(頌曰)

①

本非離兜率 본비리도솔　본래 도솔궁을 떠나옴이 없었고
原不降王宮 원불강왕궁　원래 왕궁에도 내리지 않았어라
匪別生兼佛 비별생겸불　중생과 아울러 부처 나뉘지 않고
濟靈夢話翁 제령몽화옹　생령 건졌다지만 늙은이 잠꼬대네.

본래 도솔천이 어디에 있다는 말인가? 가본 사람이 과연 있을까? 또 거기서 살았다는 사람이 있을까?

또한 꼭 왕궁에 내려와야만 하는가? 만일 서민의 집에 내려오면 도를 이룰 수가 없는 것이요 고귀한 왕자로 태어나야 진리를 깨달을 수가 있다는 것인가?

또한 중생은 누구이고 부처는 누구인가? 없다(無), 비었다(空) 한다면 물상(物象)들만 없고 또 빈 것이요 반면에 사람을 비롯한 부처나 중생은 있고 안 비었다는 말인가?

또한 부처가 있어서 중생을 건지고 제도했다 하는데 제도를 하는 주체자는 누구이고 제도를 받는 자는 누구인가? 아마 늙은이가 피곤하여 잠이 들었다가 꿈을 꾸면서 헛소리 하는 잠꼬대에 지나지 않을 것이다.

②

糞中藏兜率 분중장도솔　똥 가운데 도솔천이 갈무렸고
泥裏列王宮 이리열왕궁　진흙 속에 왕궁이 벌렸어라
若有擡頭出 약유대두출　만일 머리를 들고 나옴이 있다면
銳刀鑿兩瞳 예도착양동　예리한 칼로 두 눈동자 파버리리.

똥 속이나 진흙 속이 어찌 도솔천이나 왕궁가가 아니겠는가? 정추(淨醜 깨끗함과 더러움)나 왕서(王庶 왕자와 서민)의 관념이나 짐작을 끊고 보면 둘이 아니요 또한 다르지 않다.

미충(尾蟲)은 따뜻한 온돌방보다는 똥항아리 속이 노닐기가 좋은 것이요, 미꾸라지는 금은보화로 꾸민 왕좌(王座) 보다는 진흙 속이 훨씬 편안한 것이니 미충과 미꾸라지가 무슨 선입견이나 미추(美醜)가 있어서 그러는 것이겠는가?

그러므로 더럽고 좁을 곳이라 하여 머리를 들고 내밀려 한다면 아주 예리한 칼을 옆에 두었다가 두 눈을 파서 지나가는 배고픈 강아지에게 던져주워 배부르게 먹게 해야 한다.

Ⅱ. 한법도설한바없다

세존이 열반에 드실 때에 "내가 녹야원으로부터 발제하에 이르기까지 이 중간에 일찍이 한 법도 설한 바가 없노라" 하셨다 하니 그것이 무슨 뜻인가?

(世尊臨入涅槃 告大衆云 '始從鹿野苑 終至拔提河 於是二中間 未曾說一字)

이 의두는《정전(正典)》수행편 제5장「의두요목(疑頭要目)」제4조에 기재되어 있다.

불교의 경전인 『열반경(涅槃經)』에는 “세존임입열반 고대중운 ‘시종녹야원 종지발제하 어시이중간 미증설일자(世尊臨入涅槃 告大衆云 ‘始從鹿野苑 終至拔提河 於是二中間 未曾說一字’)”라고 하였다. 즉 “부처님께서 열반으로 들어감에 다다라 큰 무리에게 말씀하기를 ‘처음 녹야원으로부터 마치는 발제하에 이르기까지 이 두 중간에 일찍이 한 글자도 설하지 아니하였노라.’”고 하였다.

또한 다른 하나는 ‘처음 녹야원으로부터 마치는 발제하에 이르기까지 중간 50년에 일찍이 한 글자도 설하지 아니하였노라(始從鹿野苑 終至跋提河 中間五十年 未曾說一字)’고 하였다.

결국 우리 『정전』에서는 『열반경』에 실려 있는 공안(公案)을 빌려다가 우리의 ‘의두’로 삼은 것이라고 할 수 있다.

그런데 불교에서는 ‘한 글자도 일찍이 설한 바 없다’는 “일자(一字)”를 말하는데 우리는 ‘한 법도 설한 바 없노라’는 ‘일법(一法)’이라 하였다.

여기서는 불교에서 말하는 ‘일자(一字)’는 접어두고 우리 ‘의두요목(疑頭要目)’에서 말한 대로 ‘일법(一法)’으로 해설을 하려 한다.

1) 열반(涅槃)

열반은 “(바람 등이) 불기를 멈추다 · (촛불 등을) 불어서 끄다 · (촛불 등이) 불어서 꺼진 상태”라는 뜻의 산스크리트어: निर्वाण 니

르바나(팔리어:निब्बान 니바나)를 음을 따라 번역한 말이다. 뜻을 따라 번역하여 적멸(寂滅) · 멸도(滅度) 등이라고도 한다.

① 불교에서는 번뇌에 속박된 현상 세계를 차안(此岸, 이 언덕)이라 하고 열반의 세계를 피안(彼岸, 저 언덕)이라고도 한다.

열반은 번뇌의 불을 꺼서 깨우침의 지혜를 완성하고 완전한 정신의 평안함에 놓여 진 상태를 뜻하는데, 불교의 수행과 실천의 궁극적인 목적이다. 열반의 이상경(理想境)은 일체의 번뇌의 속박에서 벗어나(解脫) 있으므로 적정(寂靜)한 것이라 하여 일반적으로 열반적정(涅槃寂靜)이라고 말한다.

② 열반적정(涅槃寂靜)은 일체개고(一切皆苦) · 제행무상(諸行無常) · 제법무아(諸法無我)와 함께 불교의 근본 교의인 사법인(四法印)에 속한다.

열반에 대해서는 부파불교와 대승불교의 종파들에 따라 서로 다른 해석과 구분이 있다. 대표적인 것들을 들면, 부파불교에서는 열반은 번뇌를 단멸(斷滅)한 경지이며 유여열반(有餘涅槃)과 무여열반(無餘涅槃)의 2종열반(二種涅槃)으로 나뉜다고 본다. 이에 비해 대승불교의 중관학파는 일체법의 실상(實相 실제 모습, Reality)이 곧 열반이라고 본다. 대승열반경 부류에 속하는 《북본열반경(北本涅槃經)》 등에서는 일체법의 실상(實相) 즉 법신(法身)에는 상(常) · 락(樂) · 아(我) · 정(淨)의 4덕(四德)이 갖추어져 있다고 말하는데 이것을 열반4덕(涅槃四德)이라고 한다. 역시 대승열반경 부류에 속하는

《남본열반경(南本涅槃經)》에서는 열반에는 상(常) · 항(恒) · 안(安) · 청정(淸淨) · 불노(不老) · 불사(不死) · 무구(無垢) · 쾌락(快樂)의 8미(八味)가 갖추어져 있다고 말하는데 이것을 열반8미(涅槃八味)라고 한다. 그리고 대승불교의 유식유가행파에서는 열반이 본래자성청정열반(本來自性淸淨涅槃) · 유여의열반(有餘依涅槃) · 무여의열반(無餘依涅槃) · 무주처열반(無住處涅槃)의 4종열반(四種涅槃)으로 나뉜다고 본다. 지론종(地論宗)에서는 성정열반(性淨涅槃)과 방편정열반(方便淨涅槃)의 2종으로 구분한다. 천태종(天台宗)에서는 성정열반(性淨涅槃) · 원정열반(圓淨涅槃) · 방편정열반(方便淨涅槃)의 3열반(三涅槃)으로 구분한다.

열반의 본래의 뜻은 촛불을 불어 끄듯이 번뇌를 소멸시킨 상태, 즉 성도(成道)로 진리를 깨달은 상태를 말한다. 이러한 본래의 뜻이 전화되어 승려가 이 세상을 떠나는 것을 열반, 입적(入寂 적멸에 들다), 입멸(入滅 적멸에 들다) 또는 입열반(入涅槃 열반에 들다)이라고 한다.

2) 녹야원(鹿野苑)

범어 Mrgadava. 인도 불교유적. 선인주처녹야원(仙人住處鹿野苑)이라고 하는데, 〈신도들이 모이고 사슴이 방목되어 있는 원림(園林)〉이라는 뜻이다. 인도 북부 우타르프라데시주(州)의 남동쪽에 있는 바라나시(市) 북쪽 사르나트에 있는 불교 유적, 사르나트(Sarnath 사르나트는 사랑가나타라는 보살의 이름에서 따온 말이라고 한다.) 성지(聖地)라고도 한다. 녹야원(鹿野園) · 선인론처(仙人論處) · 선인주처(仙人住處) · 선인녹원 · 선인원(仙人園) · 선원 · 녹원(鹿苑) · 녹림(鹿林) 등 여러 가지로 불린다. 석가(釋迦)가 35세에 부다가야에서 성도(成道)한 후 처음 방문하여 5명의 비구들에게 최초로 설법을 개시한 곳이며, 즉 초전법륜(初轉法輪)의 고장으로 유명하다. 이때 아야다교진여(阿若多僑陳如) 등 5명의 비구(比丘)를 제도(濟度)하였다고 한다. 탄생(誕生: 룸비니) · 성도(成道: 보드가야) · 입멸(入滅: 쿠시나가라)의 땅과 더불어 불교(佛敎) 4대 성지의 하나로 일컬어지며, 다메크탑(塔)을 비롯한 많은 불교 유적과 사원(寺院) · 박물관 등이 여러 곳에 남아 있다. 박물관에는 아소카와 석주두(石柱頭)를 비롯하여 많은 유품들이 소장되어 있는데, B. C. 3세기에 아소카왕이 세운 돌기둥이 발견되었는데, 그 주두(柱頭)인 특히 네 마리의 사자상(獅子像)으로 된 주두는 인도미술 최고의 걸작으로 마우리아기(期)에 속하는 가장 오래 된 유물이다. 4마리의 사자상(獅子像)은 인도의 국장(國章), 대좌(臺座)의 법륜(法輪)은 국기(國旗)로서 사용되고 있다. 그 밖에 지름 28m의 다메크탑(6세기)과 아소카왕에 의하여 건조된 다르마라지카탑의 유적이 있으며, 박물관에는 출토된 유품이 진열되어 있다.

3) 미증(未曾)

(일찍이) …한 적이 없다. 한 번도 …하지 않다. 지금까지 …못 하다. 아직 …하지 않다.

4) 일자(一字)

한 개의 문자로 극히 적은 것을 말한다.《구사론(俱舍論)》세간품(世間品)에 "극히 미세한 글자로 찰나(刹那)는 색(色) · 명(名) · 시(時)의 극히 적은 것을 말한다."고 하였다. 또 광기(光記)12에 "명(名)을 분석하면 일자(一字)에 이르는데 극히 적은 것을 이름한 것이다."라고 하였다. 또《대방광사자후경(大方廣獅子吼經)》에 "법은 오직 한 자(字)로 말할 수 있으니 이른 바 '무(無)' 자다"라고 하였다.

5) 일법(一法)

① 일법(一法)이라는 것은 곧 일사(一事), 일물(一物)을 뜻한다. 법이란 존재(存在)나 사물(事物)을 표시하는 뜻이지 법칙(法則)의 뜻은 아니다.

② 유일무이(唯一無二)의 절대 법을 말한다. 또한 사람마다 본래 갖춘 진여법성(眞如法性)을 말한다. 육십화엄(六十華嚴) 5권에 '문수여! 법은 언제나 그러하니라. 법왕에게는 오직 일법 뿐이어서 일

체에 걸림이 없는 사람은 일도에 의해 생사에서 벗어나느니라.(文殊法常爾 法王唯一法 一切無礙人 一道出生死)' 고 하였다.

■ 해 의

(1) 법이란 무엇인가?

법(法)이라는 것은 일반적으로 질서를 유지하고 사회가 유지되기 위해서는 정의를 실현함을 직접 목적으로 하고 국가의 강제력을 수반하는 사회규범 관습법(社會規範慣習法)을 말하는 것이라고 할 수 있다.

넓은 뜻으로는 자연법(自然法), 헌법(憲法), 관습법(慣習法), 명령(命令), 규칙(規則), 판례(判例)까지를 포함하지만 좁은 뜻에서는 일정한 조직과 절차 밑에서 제정된 법률을 가리킨다. 법의 본질이 규범이냐 사실이냐, 또는 정의냐 강제냐에 대해서는 여러 가지 견해가 있으나 이념과 실재, 규범과 사실과의 쌍방에 걸치는 법의 특색이 있다.

또 법은 이념면에서 종교 · 도덕 · 정의 · 자연법과 내용적으로 관련되고, 다른 한편 실재면에서 정치(政治) · 경제 · 역사 · 사회적 세력(勢力)과 관련된다. 따라서 법을 고찰할 때는 이러한 것 중의 일면이나 하나의 요소에만 편중해서는 안 되며 모든 것을 고려한 종합판단이 필요하다. 법학(法學, Jurisprudence)이 법(法, juris)의 숙려(熟

盧, prudentia)를 어원으로 하는 것도 이 때문이다.

'사회가 있는 곳에 법이 있다' 고 일컬어지는 것과 같이 인간의 사회생활 보장과 질서의 규범이 법이다(법의 규범성). 이러한 관점에서 본다면 국가법만이 법이 아니라 가헌(家憲) · 사칙(社則) · 교회법 · 국제법도 똑같은 법이다. 또한 각종 국가법도 그 규율 대상인 각 사회생활의 특질을 나타내고 있기 때문이다.

(2) 법과 도덕의 의미

법과 도덕과의 관계를 어떻게 생각하느냐에 따라서 그 사람의 법사상이 판정된다고 할 정도로 법과 도덕과의 관계는 법에 있어서 가장 중심적인 과제이다. 대별하면 양자의 가장 본질적인 관련을 인정하는 견해와 양자를 분리하는 견해가 있다. 적어도 근세 초기까지는 전자의 견해가 지배적이었으며, 법은 도덕철학(道德哲學) 가운데에서 한 분과로서 고찰되었다.

사회생활이 단순했던 시대에는 도덕규범(道德規範)만으로 충분히 사회질서를 유지해 왔으나 사회생활이 발달하고 복잡해짐에 따라 도덕규범에서 법규범이 서서히 독립하여 나뉘어 왔다. 법이 독자적인 영역과 역할을 가진 이후에도 법은 도덕을 실현시키는 수단이며 법의 구속력의 근거는 도덕에 있다는 생각은 강하게 남아 있다. 자연법사상은 그 대표적인 것이다.

실정법(實定法)만을 법으로 하는 법실증주의(法實證主義)에 의

하여 양자는 의식적으로 분리되어 생각하게 되었다. 도덕규범 가운데 사회생활의 평화를 유지하기 위하여 최소한 불가결하며 강제적으로라도 준수시켜야 하는 것이 법규범이라고 한다. 이러한 뜻에서 '법은 도덕의 최소한(最小限)' 이라고 불린다.

한편 법은 도덕의 요구를 사회생활에 넓게 미치게 한다는 뜻에서 '도덕은 법의 최대한(最大限)' 이라고도 말한다. 또한 가령 우측통행 등의 기술적 법규에서도 법은 이상 도덕의 실현을 목적으로 하고 있으며, 도덕과 법은 목적-수단관계에, 혹은 대원(大圓) 속의 소원(小圓)이라는 관계에 놓여 있다고도 할 수 있다. 그러나 법은 도덕의 실현 수단에 그치지 않고 권리남용과 같이 부도덕 실현의 가능성도 내포하고 있는 것이다. 더욱이 법은 강제가능 · 실현가능한 것이어야 하므로 설령 도덕상 요구되어도 법으로서의 효과를 얻을 수 없는 것, 오히려 보다 큰 해악(害惡)을 가져오는 것은 법규화(法規化)할 것이 아니다. 특히 도덕관이 서로 나뉘어 다원적으로 여러 도덕관이 공존하고 있는 현대사회에서는 이 점에 유의할 필요가 있다.

(3) 불교적 의미

①불교에서 법의 의미는 매우 중요하면서도 다양한 의미로 사용된다. 법은 산스크리트어의 '다르마(dharma)' 의 한역어(漢譯語)이다. 기원은 인도의 고전인 《베다》에까지 소급된다. 베다시대의 달마는 리타(rita 天則) 등과 함께 자연계의 법칙, 인간계의 질서를 나타내

는 용어로 사용되었다. 그 후 브라마나 · 우파니샤드 시대에는 '인간의 행위' 의 규정으로 사용되어, 법칙 · 질서의 의미 외에 정당(正當) · 정의(正義)로 변하여, 권리의 관념 및 의무 · 규범과 같은 뜻이 첨가되었다. 팔리어 주석서에 따르면 다음과 같은 네 가지 의미가 있다고 한다.

첫째, 인(因, hetu): 올바른 인과(因果) 관계로 합리성 · 진리를 가리킨다. 연기(緣起)는 법이라고 하는 말이 이 뜻이다. 연기의 도리는 영원히 변하지 않는 보편타당성이 있는 진리라는 말이다. 이것은 규칙 · 법칙 등의 의미와도 상통한다.

둘째, 덕(德, gua): 인간이 지켜야 할 정도, 즉 윤리성을 가리킨다. 아소카 왕의 법칙문(法勅文)은 상기한 합리성과 윤리성을 동시에 포함하고 있다.

셋째, 가르침(敎,āsana): 특히 불법(佛法) 즉 석가의 가르침을 말한다. 팔만사천법문(八萬四千法門), 불(佛) · 법(法) · 승(僧)의 삼보(三寶) 중 법보 등이 이러한 의미로 사용되며, 나아가 경전을 의미하기도 한다. 또한 법통(法統) · 법호(法號) · 법회(法會) · 법고(法鼓) · 법등(法燈) 등은 모두 불법의 의미이다. 그리고 불법은 합리성 · 윤리성이 있어 이상(理想) · 궤범(軌範)을 나타내는 것이기 때문에 제1 · 제2의 의미도 당연히 포함하고 있는 것이다.

넷째, 사물(事物): 일체법(一切法) · 제법무아(諸法無我) · 법성(法性) 등이 이러한 의미로 사용된다. 후에 아비달마(阿毘達磨) 철학에서는 '독자의 성질(自性)' 또는 '존재의 본질(自相)' 을 유지하기 때문에 법이라 한다고 정의하여, 법을 실체(實體) 개념으로 설명하였다. 그러나 대승불교는 사물을 실체로 보는 데 반대하여 법공(法空) 또는 법무아(法無我)를 주장한다. 사물을 실체로 보아서는 안 된다는 사상은 12처설(十二處說)에 잘 나타나 있다. 여섯 인식기관(六根 : 眼 · 耳 · 鼻 · 舌 · 身 · 意)과 그에 대응하는 여섯 인식대상(六境 : 色 · 聲 · 香 · 味 · 觸 · 法)에서 특히 법은 인식 · 사고의 기능을 갖는 의(意, manas)와 밀접히 관련되어 있다는 점이다.

② 일체의 말을 통한 것, 소(小)와 대(大)와 유형(有形)과 무형(無形)과 진실과 허망과 사물(事物)이 그 물(物)이 되는 것과 도리(道理)가 그 물이 되는 것을 모두 법이라 한다. 유식론(唯識論)에는 자체에 맡겨서 유지하는 것과 궤(軌)에 맡겨서 해석하는 이의(二義)의 해법이 있다. 자체에 맡겨서 유지하는 것은 대나무는 대나무 자체를 말하고 매화(梅花)는 매화 자체를 말하며 형체가 있는 것은 형체 자체를, 형체가 없는 것은 무형 자체대로 각각 보림(保任)하여 그 자체를 유지하는 것, 궤(軌)에 의하여 해석하는 것은 이같이 각각 자체가 있어 모두 자체를 임지(任持)하는 형상이 되나 다만 그것은 체(體)가 있는 것에 한할 뿐이고 체가 없는 것은 용납하지 못한다. 법은 무체(無體)마저 포섭하므로 일체를 해진(該盡)하는 것이라 하였다.

《대승의장(大乘義章)》 10에 "법은 인도 정음으로 달마, 또는 담무, 본시 한 소리였으나 전하는 것이 별도였다. 번역하여 법이라 하며 법의가 같지 않다. 해석이 두 가지로 하나는 자체가 법이 되며 둘은 궤칙이 법이 된다(法者 外國正音名爲達磨 亦名曇無 本是一音 傳之別耳 此飜名法 法義不同 汎釋有二 一自體爲法 二者軌則名法)"고 하였다.

(4) 원불교적 의미

원불교에서 법의 의미는 주로 진리 그 자체, 부처님 · 하느님 · 도(道) · 무극(無極) · 태극(太極) 등과 같은 개념으로 쓰고 있다. 그리고 우주의 근본, 인간의 본래 성품의 의미로 사용하기도 한다. 또한 진리를 깨친 성자가 일체 생령을 교화하기 위하여 내어놓은 가르침이 곧 종교적인 교법(敎法)이다. 소태산대종사의 가르침을 대도 정법이라 하고, 서가모니불의 가르침을 불법 · 정법 · 교법이라 한다. 한편으로는 그 자체의 독특한 성품을 가지고 있어 그 자성(自性)을 지켜 불변하는 것으로 존재를 의미하기도 한다. 이 경우 현상적인 존재를 말할 때는 제법(諸法)이라 하고, 근본적인 존재를 말할 때는 진여법(眞如法)이라 한다. 일원상의 진리를 법신불이라고 말할 때는 근본적인 존재를 말하는 것이라고 할 수 있다.

(5) 왜 법을 설한 바가 없다고 하였을까?

불법(佛法)은 인조(人造)의 법으로 설해졌다. 주세성자로 오신 부처님이 일체 생령을 제도하기 위하여 방편(方便)으로 만들었으니 바로 조작(造作)되어진 법을 말한다고 할 수 있다.

이렇게 조작된 법은 누구든지 만들고 설하며 들을 수 있다. 새가 만들면 새의 법이 되고 송아지가 만들면 송아지의 법이 되며 고래가 만들면 고래의 법이 되고 사람이 만들면 사람의 법이 된다. 이렇게 조작된 법은 귀가 있으면 누구든지 듣는다. 새도 듣고 송아지도 들으며 노루도 듣고 상어도 듣는다. 이는 유위적(有爲的)으로 지은 법이기 때문에 들을 수 있다. 듣고 깨우침을 얻고 얻지 못하는 문제는 문제가 될 수가 없다. 이는 제2차적인 문제로 만들어 놓은 법은 누구든지 보고 들을 수 있다는 것이다.

그러나 조작(造作)하지 않은 법, 누구도 손대지 않은 법, 법을 설했다는 부처도 모르는 법, 법이라는 이름도 붙일 수 없는 법, 부처가 이 세상에 나오기 이전의 이전 법, 원래 있다고 할지라도 있지 않는 법, 없다고 하여도 가늠을 할 수 없는 법, 가르치거나 보일 수 없는 법, 글로 쓰거나 그림으로 그릴 수 없는 법, 말하는 입과 듣는 귀가 없는 법 등의 진법(眞法)을 과연 누가 설한다는 말인가? 또 누가 듣는다는 말인가?

법이라는 구경처(究竟處)는 설한 사람이 없다. 아무리 도를 깨쳤다고 할지라도 진공(眞空)의 진경(眞境)은 설할 수가 없다. 가령 둥근 구슬을 수 십 조각을 내서 한 조각이나 두 조각을 가지고 둥근 구슬인 것처럼 말하지만 원만한 구슬은 아니다. 성분(性分)은 같을지 몰라도 구슬로서의 가치는 없다.

그러므로 어떤 법이든 만들어 놓은 법 곧 제법(制法)은 원만무결(圓滿無缺)한 법이요, 전무후무(前無後無)한 법이며, 대도정법(大道正法)이라고 단정을 지어서는 안 된다.

송(頌)하노니

①

有言懸耳聒 유언현이오 말이 있음은 귀가 달려서 듣고

無語啓心聽 무어계심청 말이 없음은 마음 열려 들으리

佛舌雖長廣 불설수장광 부처의 혀가 비록 길고 넓을지라도

示存不啓扃 시존불계경 열지 못할 빗장이 있음 보임이라.

②

大凡眞理者 대범진리자 무릇 진리라는 것은

無始亦無終 무시역무종 시작도 없고 또한 끝도 없음이라

一法原來滅 일법원래멸 한 법도 원래 소멸하였으니

何人說孰聽 하인설숙청 어떤 사람이 말하고 누가 들으리오.

③

佛陀三世出 불타삼세출 부처가 과거 현재 미래에 나와

一字舌非昇 일자설비승 한 글자도 혀에 올리지 않았거늘

愚者持些識 우자지사식 어리석은 자는 조금 아는 것 가지고

口開宇宙崩 구개우주붕 입을 열어서 우주를 무너뜨리네.

④

無說之弘法 무설지홍법　설할 수 없는 큰 법은

實云宇宙言 실운우주언　실로 우주의 말을 이름이니

不要通耳聒 불요통이오　귀를 통해 들으려하지 말고

心啓理源呑 심계이원탄　마음 열어 진리근원 삼킬지라.

Ⅲ. 가섭이 어찌 전하랴!

옛 부처가 나기 이전에도 응연히 한 모양 둥글었네 석가도 오히려 알지 못했거니 가섭에 어찌 능히 전했으랴

(古佛未生前 凝然一相圓 釋迦猶未會 迦葉豈能傳)

이 의두는 《정전(正典)》 수행편 제5장 「의두요목(疑頭要目)」 제8조에 기재되어 있다.

이 게송을 송(頌)한 스님은 송대(宋代) 양양(襄陽)에서 태어난 종색(宗賾 1053~1113) 스님으로 속성은 손(孫) 씨이다. 호는 자각(慈覺)이니 곧 자각 선사(慈覺禪師)이다. 어려서부터 유학(儒學)을 배워 널리 세전(世典)에 정통하였다. 돌연 29세가 되어 출가를 생각하고 장려사(長蘆寺) 원통법수(圓通法秀)에게 나아가 승려가 되고 광조응부(廣照應夫)에게 선지(禪旨)를 참고(參叩)하였다. 그는 어머니를 방장(方丈)의 동실(東室)에 맞이하여 승려가 되도록 권하였으며 오직 아미타불(阿彌陀佛)을 지념(持念)하게 하였다. 그러던 7년 뒤에 어머니가 열반을 하자 권효문(勸孝文) 120편을 지어서 세상 사람이든 출가한 사람이든 효도를 해야 한다고 하였다. 여산(廬山) 백련사(白蓮社) 유풍(遺風)을 모방하여 연화승회(蓮花勝會)를 건립하고 널리 도속(道俗)을 권하여 불호(佛號)를 염송하도록 하고 백 천만번 이를 때까지 그 수를 기록하게 하였다.

종색은 남종(南宗)을 사승(師承)은 하였지만 한 문호(門戶)만을 지키지는 않았다. 당시에 선문(禪門)과 정토문(淨土門)의 두 문중이 성왕하였다. 그는 "염불은 참선에 걸리지 아니하고 참선은 염불에 걸리지 않는다. 법은 비록 두 문이지만 뜻은 동일하다. … 염불과 참선이 각각 종지를 구하는 것으로 시내와 산이 비록 다르지만 구름이나 달은 같다(念佛不礙禪 參禪不礙念佛 法雖二門 理同一致 … 念佛參禪各求宗旨 溪山雖異 雲月是同)"라 하여 선문이나 정토문을 가리지 않았다.

그의 저술은 《보권지념아미타불(普勸持念阿彌陀佛)》이 있었으나 이미 없어졌고 《십육관송(十六觀頌)》이 있었지만 역시 없어졌으며 《수륙의문(水陸儀文)》도 없어졌고 《위강집(葦江集)》도 없어졌다.

생전에 문인들이 찬집(撰集)한 《권화집(勸化集)》이 아장흑수성문헌(俄藏黑水城文獻)에 소장되어 있고 《자각선사어록(慈覺禪師語錄)》이 고려대학교에 소장되어 있으며 그가 죽은 뒤에 편찬한 《장로색선사문집(長蘆賾禪師 文集)》이 있다. 또한 《선원청규(禪苑淸規)》 가운데 〈좌선의(坐禪儀)〉, 〈계동행(戒童行)〉, 〈권단신(勸檀信)〉 등도 전한다.

1. 고불미생전(古佛未生前)

1) 고불(古佛)

①옛적의 부처. 과거 세상의 부처
②벽지불(辟支佛)의 별칭
③고승의 존칭
④석가부처님이 세상에 나오기 이전에 있었던 일곱 부처를 말한

다. 비바시불(毗婆尸佛), 시기불(尸棄佛), 비사부불(毗舍浮佛), 구류손불(拘留孫佛), 구나함모니불(拘那含牟尼佛), 가섭불(迦葉佛), 석가모니불(釋迦牟尼佛)이다.

⑤《대일경(大日經)》2에 "응당 널리 관정을 설함은 옛 부처가 계시한 바이다(當廣說灌頂 古佛所開示)" 고 하였고《승사략상(僧史略上)》에 "한나라 말엽 위나라 초엽에 경전 번역이 점점 성하였는데 혹 '부처가 중생을 돕는 것이라' 고 번역을 하고 혹 '벽지불을 고불' 이라고 번역하였다(漢末魏初 傳譯漸盛 或飜佛爲衆佑 或飜辟支爲古佛)" 고 하였다.

2) 미생전(未生前)

미생전(未生前)이라는 말은 '살아 있는 동안. 산 동안. 죽기 전(前)' 을 말하는 것이니 미생전이란 '아직 죽지 않은 살아있는 동안' 이라는 의미이다.

■ 해 의

(1) 부처는 있는가?

부처가 과연 있었을까? 있다면 누구를 기준으로 하여 부처라 하였을까? 또 어떤 것을 점(點)으로 하여 부처를 분간하였을까? 그러면 과연 중생은 있었을까? 있다면 누구를 기준으로 해서 중생이라 하였을까? 또 어떤 것을 점으로 해서 중생을 분간하였을까?

결국 부처와 중생을 가르는 것은 분별(分別)이자 망상(妄想)이다. 부처 스스로는 모르겠지만 중생 스스로 부처의 부류에서 처지고 벗어난 꼴이 된다면 부처는 나에게서 멀어질 수밖에 없다.

우주에는 규정(規定)지어진 것이 없다. 모양[形相]지어진 것이 없고 말하는 것도 없으며 둥글고 모난 것도 없다.

하느님이 어디 있는가? 진리가 어디 있는가? 법신불이 어디 있는가? 일원상이 어디 있는가? 상제(上帝)가 어디 있는가? 공(空)이라는 것이 어디 있는가? 우주자연이라는 것이 어디 있는가? 태극이나 무극이 어디 있는가? 신(神)이 어디 있는가?

절대 없다는 것을 예 몇 개로 들어보면

① 육조 혜능(六祖慧能)은 말했다. '나에게 한 물건이 있다. 머리나 꼬리도 없고 이름이나 글자도 없으며 등이나 얼굴도 없다 여러 사람은 알겠는가?(吾有一物 無頭無尾 無名無字 無背無面 諸人還識否) 하였으니 없다고 하는 것도 잘못이지만 있다고 우기는 것도 크게 그름이요 잘못이다.

②《도덕경(道德經)》에 '도를 가히 도라 하면 떳떳한 도(영구불변)가 아니요, 이름을 가히 이름이라 하면 떳떳한 이름(영구불변)이 아니다.(道可道非常道 名可名非常名)' 고 하였다.

③《도덕경(道德經)》에 '하늘 땅보다 먼저지만 시작이 없고 하늘

땅보다 뒤에 해도 마침이 없다.(先天地而無始 後天地而無終)' 고 하여 시종이 없음을 분명히 하였다.

④ 한 스님이 선정 선사(善靜禪師)에게 묻기를 '어떻게 해야 여래의 집에 살 수 있습니까?' 선사가 말하기를 '옷을 헤치고 새벽을 보아라. 긴긴 세월을 논할지라도 밝히기 어렵나니라.' 말하기를 '밝힌 뒤에는 어떠합니까?' 대답하기를 '한 귀도 가히 얻지 못 하나니라' (僧問 '如何得生如來家?' 善靜禪師曰 '披衣望曉 論劫不明' 曰 '明後如何' 師曰 '一句不可得')

⑤ 한 스님이 의존 선사(義存禪師)에게 묻기를 '화상께서 덕산 선사(德山禪師)를 보았는데 무엇을 얻었기에 문득 쉬어진 것입니까?' 선사가 답하기를 '나는 빈손으로 갔다가 빈손으로 돌아왔노라.' (僧問 '和尙見德山 得個甚? 便休去?' 師曰 '我空手去 空手歸)'

* 휴(休): '휴헐(休歇)' 이라는 뜻으로 선지(禪旨)를 깨달아서 대사(大事)를 완성하였음을 말한다.

⑥ 《성명규지(性命圭旨)》 "구결함양본원구호명보(口訣涵養本源救護命寶)" 에 '먼저(선천)를 궁구해도 천지보다 먼저 해서 그 시작을 알 수가 없고 뒤(후천)를 궁구해도 천지보다 뒤에 하여 마침을 알 수가 없다. 높아서 위가 없고 넓어서 가히 다함이 없다. 깊어서 아래가 없고 깊어서 가히 헤아릴 수가 없다. 하늘과 땅이 여기에 의지하여 덮였고 실렸으며 해와 달이 여기에 의지하여 비춰 다다르며 허공이 여기에 의지하여 널고 넓으며 일만 생령이 여기에 의지하여 변화

되고 통철된다(究之於先 天地之先莫知其始 窮之 於後 天地之後莫知其終 高而無上 廣不可極 淵而無下 深不可測. 乾坤依此而覆載 日月依此而照臨 虛空依此而寬廣 萬靈依此而變通)' 고 하였다.

⑦《논어(論語)》에 "공자가 말하기를 '나는 말하지 않으련다.' 자공이 말하기를 '선생님께서 말씀하지 않으시면 저희들이 어떻게 따르겠습니까?' 공자가 말하기를 '하늘이 무슨 말을 하더냐? 사시가 운행하고, 만물이 나오니 하늘이 무슨 말을 하더냐?(予欲無言' 子貢曰 '子如不言 則小子何述焉?' 子曰 '四時行焉 百物生焉 天何言哉')"고 하였다.

⑧ 달마 대사(達磨大師)가 서역에서 중국으로 와서 제일 먼저 만난사람이 불심천자(佛心天子)라고 하는 양무제(梁武帝)이다.

《경덕전등록(景德傳燈錄)》에 보면 '양무제가 달마 대사에게 물었다. 성스러운 말씀의 으뜸가는 요체는 무엇입니까?' 달마가 답하였다 '명백히 성(聖)은 없습니다.' 무제가 말했다. '짐을 대하는 그대는 누구입니까?' 달마가 말했다. '모릅니다. 무제가 계합하지 못했다.(梁武帝問達磨大師 '如何是聖諦第一義' 磨云 '廓然無聖' 帝云 '對朕者誰?' 磨云 '不識' 帝不契)

⑨ 내장산 내장사 일주문에 있는 주련의 내용이다. '천겁을 지낼지라도 옛날이 아니요, 만세를 뻗칠지라도 길이 지금이다.(歷千劫而不古 亘萬歲而長今)' 고 하였다.

(2) 부처는 사람이다

부처는 분명히 사람으로 나왔다. 뿐만 아니라 세계적으로 성자라고 일컬어지는 사람도 인간으로 태어났다. 따라서 중생이나 범인도 나왔고 일체 생령도 똑같은 과정을 거쳐서 이 세상(지구나 하늘이나 우주)에 나왔다. 그런데 왜 부처(성자)를 놓고 '깨달음'과 결부를 시키는가? 과연 깨쳐야 할 그 무엇이 있는 것인가? 부처는 알고 중생이나 범부는 모르는 것인가?

아니다, 있다고 내세우는 것부터가 분별이요 망상이다. 분별을 부수고 망상을 벗어나야 진정한 무엇을 알 수 있다.

부처도 모른다, 당연하다. 부처가 안다면 중생도 안다. 중생이 모르기 때문에 부처도 모르고 못 깨친다. 알 수도 없고 깨칠 수도 없는 그것을 깨달음에다 결부시켜서 내세우려하니 분별이 생기고 망상이 일어난다. 그래서 부처가 모른다는 것이 거짓이 아니요, 속임수도 아닌 것으로 절대적인 미해결(未解決)의 문제로 영원히 남는 것이니 중생이 모른다는 것도 거짓이 아니요, 속임수도 아닌 당연지사(當然之事)이다.

깨달음이란 무엇일까? 자기 느낌이다. 자기의 앎이다. 자기의 기쁨이요 자기의 자부(自負)이며 자기의 아름다움이다. 누구든 느낌이 있고 앎이 있으며 기쁨이 솟고 자부를 하며 아름다워질 때 깨달음이다.

그래서 전할 수 없다. 알릴 수도 없고 줄 수도 없다. 가섭 스스로 느

낌, 앎, 기쁨, 자부, 아름다움일 뿐 전해 줄 수 있는 것이 아니었다.

그런데 부처의 법이 33조까지 전해졌다는 것은 시간을 그렇게 만들었을 뿐이다. 부처를 등에 업고 당대 특권(特權)의 무리들이 세력을 구축하기 위하여 속임수를 써오다가 육조 혜능(六祖慧能)에 이르러서 폐지되었다. 왜 그랬을까? 그동안은 속임수이다. 혜능은 더 이상 버틸 수도 없고 속임을 당할 사람도 없다는 것을 알았다. 그러기 때문에 세상에 다 놓아버렸다. 던져 버렸다. 소위 똑같은 불성(佛性)이나 불심(佛心)을 가졌는데 누가 누구를 속인다는 말인가?

그 좋은 예가 혜능에게서 나왔다. 혜능은 영남(嶺南) 사람이다. 오조 홍인(五祖弘忍)을 찾아가서 부처가 되겠다하니 영남 사람은 원숭이(獦獠)와 같은지라 부처가 될 수 없다고 하였다. 혜능은 무섭게 노려보며 말한다.

'사람은 비록 영남과 영북이 있지만 불성은 본래 남과 북이 없고 원숭이 같은 몸은 화상과는 같지 않을 지라도 불성은 무슨 차별이 있겠습니까?(人雖有南北 佛性本無南北 獦獠身與和尙不同 佛性有何差?)' 하였다. 홍인은 이 말을 듣고 깜짝 놀랐다. 보통 사람이 아니다. 만일 잘못 건드렸다가는 전로(前路)에 큰 일이 생길 것 같아서 빨리 던져버리고 사태가 불거지기 전에 몸을 감춰버렸다.

원래 차별이 없는 불성이요 불심이니 어떻게 법이라는 것을 붙잡고 불여가섭(佛與迦葉), 회여미회(會與未會), 전여부전(傳與不傳)을 내세울 수가 있겠는가? 전해 주는 사람도 없고 전해 받는 사람도 없는 것임을 알아야 법이나 도를 구걸하지 않고 당당하게 수행자로서 살아갈 수 있다.

송(頌)하기를

①

古今無覺佛 고금무각불　예나 지금 깨친 부처도 없었고

亦是不人煩 역시불인번　또한 사람 되어 괴로움 없었네

本始淸明者 본시청명자　본래부터 맑고 밝은 자였으니

莫尋自己源 막심자기원　자기의 근원만을 찾으려 말라.

②

誰人爰古佛 수인원고불　어떤 사람이 이에 옛 부처이며

何者現師稱 하자현사칭　어떤 자 현재 스승이라 일컫는가

自本空兼滅 본자공겸멸　본래부터 비었고 아울러 소멸했으니

莫尋熱水氷 막심열수빙　뜨거운 물을 얼음에서 찾지 말지라.

2. 응연일상원(凝然一相圓)

1) 응연(凝然)

① 작용하지 않고 가만히 있는 것. 불변(不變)한 모양.

② 태도나 행동거지가 단정하고 듬직하게.

2) 일상(一相)

① 무이(無二)의 상을 말한다. 곧 차별이 없는 제상(諸相)은 평등한 일미(一味)이다.

② 이상(異相)에 대하여 말하는 것이다. 일체의 법이 오직 일원(一元)을 따라 생한다고 계량(計量)하는 외도(外道)의 견해(見解)를 말한다.

3) 원(圓)

① 뚜렷하다. 모난 데가 없다. 쭈그러진 곳이 없다. ② 둥글다. 온전하다. 원만하다. 둘레. 동그라미.

■ 해 의

이 우주에는 변(變)하는 이치와 불변(不變)하는 이치가 있다. 변하는 이치란 부주이동(不住而動)하고 부지이거(不止而去)하며 불생이멸(不生而滅)하고 불근이원(不近而遠)하는 모든 것들은 변의 이치이다. 예를 들면 만물의 생로병사(生老病死)와 사시의 춘하추동(春夏秋冬)과 마음의 생주이멸(生住異滅) 등이 이에 속한다.

반면 불변의 이치란 '역천겁이불고(歷千劫而不古) 긍만세이장금(亘萬歲而長今)' 이라는 옛 선사의 가르침처럼 '천겁을 지낼지라도 옛날이 아니고 만세를 뻗칠지라도 언제나 지금이다' 라고 할 수 있다. 이는 내 마음의 일념미생전(一念未生前)이요 출세에 부모미출태전(父母未出胎前)이며 혼돈(混沌)의 천지미분전(天地未分前)으로 무시무종(無始無終)하고 무고무하(無高無下)하며 무방무원(無方無圓)하며 무시무공(無時無空)한 일물(一物)이요 일원(一圓)이며 진공(眞空)이다.

이는 절대의 여여한 자리로 변 · 불변을 넘어섬과 동시에 포함한 구극처(究極處)이다.

또한 유무초월(有無超越)의 생사지문(生死之門)이요 불생불멸(不生不滅)하고 인과보응(因果報應)이 역력한 구경처(究竟處)이다.

송(頌)하기를

①

今佛都消滅 금불도소멸　지금 부처 모두 소멸하더라도
一圓像永延 일원상영연　한 둥근 모양 길이 뻗히리라
能藏無盡理 능장무진리　능히 다함없는 진리를 갈무려
曠劫謂如天 광겁위여천　긴긴 세월 여여한 하늘이라 이르리.

②

實語無生口 실어무생구　실상의 말은 입에서 나옴이 없고

眞相繪畵難 진상회화난　참된 모양은 그림으로 그리기 어렵네
不年非所老 불년비소로　나이도 안 들고 늙는 바도 없는
古物劫時殘 고물겁시잔　옛 물건으로 긴긴 시간 남으리라.

3. 석가유미회(釋迦猶未會)

1) 석가(釋迦)=서가모니불(釋迦牟尼佛)

서가모니 부처님 즉 붓다에 대한 존칭. 서가모니란 산스크리트 샤카무니(sākyamuni)의 음을 따서 한역한 것이다. 석가(釋迦)는 종족의 이름, 모니(牟尼)는 성자라는 뜻이다. 서가모니는 석가종족의 성자라는 뜻이고, 거기다가 부처님이라는 말을 더 붙여서 최대의 존칭을 나타낸다. 부처님 · 석가여래 · 석가세존 · 서가모니 · 석존 · 서가모니불 등 여러 가지 존칭 가운데 서가모니불이 최대의 존칭이다. 서가모니불이라고도 한다. 서가모니 부처님의 본래 성은 고타마(Gautama), 이름은 싯다르타(siddārthā)인데, 후에 깨달음을 얻어 붓다(Buddha 佛陀)라 불리게 되었다. 또한 사찰이나 신도 사이에서는 진리의 체현자(體現者)라는 의미의 여래(如來), 존칭으로 세존(世尊), 석존(釋尊) 등으로 불린다.

2) 미회(未會)

회(會)의 의미는

①모이다. 만나다.

②능숙(能熟)하다. 이해(理解)하다. 깨닫다. 알다.

③계(契) 등의 뜻이 있다. 그러므로 명사로는 '아직 만나지 못함' 이요 동사로는 '아직 만나지 못하다' 이다. 그렇다면 미회(未會)란 두 번째, 세 번째의 의미가 더 강하다고 할 수 있는 것으로 '능숙하지 못하다. 이해하지 못하다. 깨닫지 못하다. 알지 못하다. 계합(契合)하지 못하다' 는 뜻으로 이해를 해야 한다.

3) 유(猶)

①오히려. 가히

②그대로. 마땅히.

③꾀하다. 망설이다.

④같다, 똑같다.

■ 해 의

사람에게는 두 가지 무지(無知)가 있다. 하나는 정말 아무것도 모르는 무명(無明)의 미무지(迷無知)이고 다른 하나는 본래 알거나 깨달을 것도 없는 근원을 알고 깨달아서 걸림이 없는 각무지(覺無知)이다.

그렇다면 정말로 '부처님은 오히려 알지 못하였을까?' 즉 미무지(迷無知)를 벗어나지 못했을까? 6년 설산의 고행을 통해 깨쳤다는 것이 아무것도 없는 허사(虛事)요 망지(妄智)였을까?

아니다. 절대로 아니다. 부처님의 말씀, 진리, 법, 가르침, 경전, 행동 등은 월대지각(越對之覺)에서 파생된 방편(方便)이요 교시(教示)이다. 원만한 대각을 이룬 절대적인 주세의 성인이요 부처이다. 물론 절대의 성체(性體)는 각여불각(覺與不覺)을 여읜 자리요 지여부지(知與不知)를 여읜 것이지만 이는 남에 의해서 각지(覺知)가 얻어지고 깨어나는 것이 아니라 각자의 내면에서 깨달음과 앎이 승화(昇華)되고 명증(明證)되어야 한다.

그러므로 남들의 회여미회(會與未會)와는 상관이 없이 불폐자현(不蔽自顯)하고 불미자혜(不迷自慧)한 것으로 역력고명(歷歷孤明)할 뿐이다.

송(頌)하기를

①

解者非眞識 해자비진식　알았다는 자 참으로 안 것 아니요

覺人匪實醒 각인비실성　깨쳤다는 사람 실지 깨친 것 아니라

不言兼不畫 불언겸불화　말로 못하고 아울러 그리지도 못하니

佛祖世稱暝 불조세칭명　부처라도 세상은 어둡다 일컫누나.

②

眞知無寫冊 진지무사책　참된 알음알이 책에 쓰임이 없고

明智不修成 명지불수성　밝은 지혜는 닦아 이룸이 아니네

本始非存識 본시비존식　본래부터 앎이 있지 않았으니

釋迦怎滿盛 석가즘만성　부처인들 어찌 가득히 담으리오.

4. 가섭기능전(迦葉豈能傳)

1) 가섭(迦葉)=가섭 존자(迦葉尊者)

석가모니불의 십대제자 중 두타(頭陀) 제일인 마하 가섭의 존칭. 두타란 번뇌의 티끌을 없애고 의식주에 탐착하지 않으며 청정하게 불도를 수행하는 것을 말한다. 석가모니의 열반 후 제자 집단을 이끌어 가는 영도자 역할을 해냈다. 석가모니불이 열반을 앞두고 제자들에게 "나의 무상정법을 마하가섭에게 다 전하노라"고 하였다. 선종에서 가섭 존자는 33조사 중 제1조(祖)가 된다. 산스크리트 마하카샤파(Mahākāśyapa)의 음을 따서 마하 가섭(摩訶迦葉)이라고 호칭하며, 의역하여 대음광(大飮光)·대구씨(大龜氏)라고도 한다. 북인도 마갈타국 왕사성 마하바드라의 거부였던 브라만 미그루다칼파

의 아들로서 비팔라 나무 밑에서 출생하였다. 가섭은 어린 나이로 비야리성(城)의 가비리라는 바라문의 딸과 결혼하였으나, 12세에 부모를 잃고 세속적인 욕망의 허무함을 깨달아 아내와 함께 출가하였는데, 그 후 석가모니불을 만나 가르침을 받고 제자가 되었다. 8일 만에 바른 지혜의 경지를 깨쳐 자기 옷을 벗어 석가에게 바친 후, 부처가 주는 마을 밖의 쓰레기 더미에서 주워온 헌옷의 천으로 만든 분소의(糞掃衣)를 입고 아라한과(阿羅漢果)를 얻었다고 한다.

특히 부처님이 가섭 존자에게 전법(傳法)한 것을 삼처전심(三處傳心)이라 한다. 즉 부처님이 49년간 설법 중에 특별히 세 곳에서 가섭에게 마음을 전한 것으로 선종(禪宗)의 근본적인 선지(禪旨)이다.

(1) 다자탑전분반좌(多子塔前分半座)

다자탑은 중인도 비사리성(毘舍離城) 북서쪽에 있다. 이 탑은 어떤 장자(長者)가 산에 들어가서 도를 닦아 깨달은 뒤에, 그의 아들딸 60명이 아버지가 공부하던 곳을 기념하기 위하여 세운 것이라고 한다. 부처님이 그곳에서 설법하고 있을 때 가섭이 누더기를 입고 뒤늦게 오자 여러 제자들이 그를 얕보았다고 한다. 그러자 부처님은 자기가 앉아 있던 자리 절반을 가섭에게 양보하여 거기 함께 앉도록 하였다. 이것이 첫 번째로 마음을 전한 것이다.

(2) 영산회상거염화(靈山會上擧拈花)

부처님이 중인도 왕사성(王舍城) 북동쪽 10리 지점에 있는 영취산(靈鷲山)에서 설법을 하고 있을 때 하늘에서 꽃비가 내렸다. 석가가 그 꽃송이 하나를 들어 보이자, 제자들이 모두 무슨 뜻인지를 몰라 어리둥절해 하는데 가섭만은 빙그레 웃었다. 이에 스승은 "바른 법, 열반의 묘한 마음을 가섭에게 전한다."고 선포하였다.

(3) 사라쌍수곽시쌍부(沙羅雙樹槨示雙趺)

부처님이 북인도 쿠시나가라성(拘尸羅城) 북서쪽의 사라수(沙羅樹) 여덟 그루가 마주 서 있는 사이에 침대를 놓게 하고 열반하자, 그 숲이 하얗게 변하였다. 가섭이 부처님의 관 주위를 세 번 돌고 세 번 절하자, 관 속으로부터 두 발을 밖으로 내밀어 보였다는 것이다. 선종에서는 이를 교외별전(教外別傳)의 유일한 근거라고 하여 매우 중요시한다.

2) 기(豈)

①그(=其)

②어찌, 어찌하여.

3) 능(能)

①능(能)하다. 능(能)히 할 수 있다.

②~할 수 있다. 응당 ~해야 한다.

③능력(能力).

4) 전(傳)

①알리다. 전(傳)하다. 펴다. 널리 퍼뜨리다.

②현인의 저서, 고서.

③경서(經書)의 주해(註解), 주석(註釋).

④ 부절(符節 돌이나 대나무 · 옥 따위로 만들어 신표로 삼던 물건), 증명(證明)하다.

■ 해 의

전법(傳法)의 문제이다. 경전에 따르면 부처님은 삼처전심(三處傳心:위의 해설참조)을 통해서 가섭에게 법을 건네주었고 또한 가섭은 건네 받았다. 의심할 여지가 없다. 아마 교단초기의 여러 정황으로 보아 직접 건네줄 수밖에 다른 도리가 없는 것이 아니었나 하는 생각도 든다.

그런데 역설적일지는 몰라도 '가섭기능전(迦葉豈能傳)' 곧 '가섭이 어찌 능히 전하겠는가?' 의 문제이다. 다시 말하면 가섭은 분명히 부처님에게서 법을 전해 받았지만 가섭은 '그것을 능히 누구에게 전해야할 것인가?' 하는 고민이 있을 수 있다.

그러나 사실 전해줄 대상이 없다. 전할 법도 없다. 전해 받을 자도 없다. 즉 전자(傳者)와 득자(得者)가 여수(與受)할 일물(一物)이 본래 없다.

이렇게 보면 자각(自覺), 곧 스스로의 깨달음에 의해 수법(受法)이 된다고 할 수 있다. 열을 깨달으면 열의 법을 받고 쉰을 깨달으면 쉰의 법을 받으며 백을 깨달으면 백의 법을 받게 되지만 반면에 깨달음이 없으면 영겁을 수행해도 수득(受得)은 할 수 없다.

선가의 일상어에 "불립문자 교외별전 직지인심 견성성불(不立文字 敎外別傳 直指人心 見性成佛)"이다. 즉 문자도 없고 가르침도 없으니 자신의 마음으로 성품을 알고 부처를 이루어야 한다.

예를 하나 들어보자. 남악회양 선사(南嶽懷讓禪師. 677-744)의 이야기이다. 처음으로 육조혜능 선사(六祖慧能禪師)를 만났는데 육조가 묻기를 "어느 곳에서 왔느냐?(甚麽處來)" 대답하기를 "숭산에서 왔습니다(嵩山來)" 육조가 묻기를 "무슨 물건이 이렇게 왔느냐?(甚麽物恁麽來)" 이 말을 들은 회양 선사는 대답을 못하고 8년이란 세월을 지냈다. 그리고 와서 대답하기를 "설사 한 물건이라 할지라도 맞지 않습니다(說似一物卽不中)" 고 하였다.

결국 자오(自悟)이요 자득(自得)이며 자증(自證)이요 자인(自印)

이다. 누가 전하는 것이며 누가 받는 것인가? 부처님도 전해줄 수 없고 가섭도 받을 수 없으며 가섭 또한 전해줄 수 없다.

송(頌)하기를

①

夫覺非眞覺 부각비진각　무릇 깨침은 참 깨침이 아니요

聖賢似本癲 성현사본전　성인이 어질어도 본래 미치광이 같으리

宗師無所識 종사무소식　대종사도 아는 바가 없으니

何故後人傳 하고후인전　어떻게 뒤 사람에게 전할 것인가?

②

匪授無攸受 비수무유수　주지 않으면 받을 바도 없고

不知未所傳 부지미소전　알지 못하면 전할 바도 아니네

人人生本備 인인생본비　사람마다 나오며 본래 갖췄으니

何者有加損 하자유가손　무엇을 더하고 덜어냄이 있으리오.

Ⅳ. 구곡의 물소리

변산의 아홉 구비 길에 돌이 서서 물소리를 듣네, 없고 없으며 또한 없다는 것도 없고 아니고 아니며 아니라는 것도 아니어라

(邊山九曲路 石立聽水聲 無無亦無無 非非亦非非)

이 법문은《대종경(大宗經)》성리품(性理品) 11장에 실려 있다.

대종사 봉래 정사에서 제자들에게 글 한 수를 써 주시되
"변산구곡로(邊山九曲路)에 석립청수성(石立聽水聲)이라 무무역무무(無無亦無無)요 비비역비비(非非亦非非)라"하시고
"이 뜻을 알면 곧 도를 깨닫는 사람이라"하시니라.

1. 변산구곡로(邊山九曲路)

1) 변산(邊山)

전라북도 부안군 변산면에 위치한 산이다(고도, 510m). 최고봉은 의상봉이며 예로부터 능가산, 영주산, 봉래산이라 불렸고 호남의 5대 명산 중 하나로 꼽혀왔다. 서해와 인접해 있고 호남평야를 사이에 두고 호남정맥 줄기에서 떨어져 독립된 산군을 형성하고 있다. 내변산에는 높이 20m의 직소폭포(直沼瀑布), 높이 30m와 40m의 2개 바위로 된 울금바위, 울금바위를 중심으로 뻗은 우금산성(禹金山城) 외에 가마소, 봉래구곡, 분옥담, 선녀당, 마소, 용소(龍沼), 옥수담(玉水潭) 등 명소가 있다.

또 내소사(來蘇寺), 개암사(開岩寺) 등 사찰이 있고 호랑가시나무, 꽝꽝나무, 후박나무 등 희귀식물의 군락이 서식하고 있다. 서해를

붉게 물들이는 '월명낙조'로 이름난 낙조대(落照臺)의 월명암(月明庵)도 유명하다. 외변산에는 해식단애(海蝕斷崖)의 절경을 이루는 채석강(採石江, 도 기념물 28), 적벽강(赤壁江, 도 기념물 29)이 있고 그 밑 해안에는 경사가 완만한 변산 해수욕장을 비롯해 고사포해수욕장, 격포해수욕장 등 여름철 휴양지가 많다. 1988년 국립공원으로 지정되었다.

2) 구곡(九曲)

전라북도 부안군 변산에 있는 절경 중의 하나. 변산을 봉래산이라고도 부르며 변산을 대표하는 계곡 이름이 변산구곡이다. 신선대와 망포대에서 발원한 물줄기가 대소에서 구비구비 돌아 흐르며 아홉 연주(連珠)의 못을 이루며 빼어난 풍광을 이루고 있다. 구곡에는 각각 다음과 같은 이름이 전해온다. 1곡 대소(大沼), 2곡 직소폭포(直沼瀑布), 3곡 분옥담(墳玉潭), 4곡 선녀탕(仙女湯), 5곡 봉래곡(蓬萊曲), 6곡 금강소(金剛沼), 7곡 영지(影池, 부안댐에 잠김), 8곡 백천(百川, 중류와 하류는 부안댐에 잠김), 9곡 암지(暗池, 부안댐에 잠김). 그 중에서 제5곡인 봉래곡이 가장 중심인 관계로 어느 때부터인지 변산구곡을 봉래구곡이라고 부르게 되었다.

소태산대종사가 주석하던 봉래정사에서 실상사를 지나 직소폭포로 가는 길을 500m 남짓 가면 변산 제일의 풍광인 봉래구곡이라는 계곡이 나온다. 소태산은 이곳을 '변산구곡' 이라고 했다. 새로운 왕국 건설을 꿈꾸던 이성계가 팔도강산을 돌며 기도할 때 청림리 어수대에서 물을 길어와 봉래구곡에서 천황봉을 향하여 기도를 올렸다는 전설이 있다. 넓은 소와 평퍼짐한 바위에 '봉래구곡소금강(蓬萊九曲小金剛)' 이란 글이 새겨져 있으며, 그 위에 바위 두 개가 올연히 서 있다.

■ 해 의

변산은 불교에서 말하는 수미산(須彌山)이라고 이름을 붙여 본다. 수미산은 범어로 Sumeru-parvata 또는 수미루(須彌樓 · 修迷樓) · 소미로(蘇迷盧). 줄여서 미로(迷盧). 번역하여 묘고(妙高) · 묘광(妙光) · 안명(安明) · 선적(善積)이라 하는데 4주세계의 중앙이다. 금륜(金輪) 위에 우뚝 솟은 높은 산이다. 둘레에 7산(山) 8해(海)가 있고 또 그밖에 철위산(鐵圍山)이 둘려 있어 물속에 잠긴 것이 8만 유순, 물 위에 드러난 것이 8만 유순이며, 꼭대기는 제석천, 중턱은 4왕천의 주처(住處)가 있다. 앞으로 변산이 수미산처럼 드러날 날이 있을 것이니 그 때를 대비하여 성리공부(性理功夫)를 잘 해놓아야 한다.

구곡(九曲)이라는 말은 꼬불꼬불하고 구부러졌다는 뜻이다. 세상의 모든 길은 구부러졌다. 아무리 잘 닦아놓은 고속도로라 할지라도 지형을 따라 길을 만들기 때문에 구부러질 수밖에 없다.

땅덩어리는 어떠한가? 어느 나라든 변(邊)이 구부러지지 않은 지형은 없다. 기기묘묘하게 구부러져서 절경을 이루고 있음을 볼 수 있다.

그렇다면 인생살이는 어떠할 것인가? 구절양장(九折羊腸)이다. 즉 아홉 번 꺾인 양의 창자란 뜻으로, 꼬불꼬불하고 험한 산길을 말하는데 이것이 사람의 살아가는 길과 다름이 없다. 시비(是非), 선악(善惡), 친소(親疏), 갑을(甲乙), 상하(上下), 좌우(左右) 등등, 곡절도 많고 탈도 많은 것이 인생길이다.

우리는 이러한 인생길을 걸어갈 때 성자의 가르침을 모본(模本)으로 하여 펼쳐가야 한다. 즉 가르침대로 살아가면 아무리 구곡지란(九曲之亂)이나 구곡지난(九曲之難)이 있을 지라도 무란무난(無亂無難)하게 살아갈 수 있다.

노(路)란 길이다. 뒤의 길, 곧 걸어왔던 길도 중요하지만 앞으로 뻗혔고 또 뻗어가는 길, 나아가야할 길이 훨씬 중요하다. 그러므로 우리는 쉼이 없이 길을 확장해 가야 한다. 도로를 넓혀야 하고, 정법지로(正法之路)를 넓혀야 하며, 제로(濟度之路)를 넓혀야 하고, 혜복의 길(慧福之路)을 넓혀야 한다. 그리하여 주세 부처님의 가르침인 일원의 진리를 양견(兩肩)에 부담(負擔)하고 사바세계(裟婆世界)의 고난지로(苦難之路)를 향해 나아가야 한다.

송(頌)하노니

①

巖積巖成嶽 암적암성악　바위에 바위를 쌓아 뫼를 이루고

土儲土遂坵 토저토수구　흙에 흙을 쌓으면 언덕을 이루네

邊山含道氣 변산함도기　변산은 도의 기운을 머금었으니

近到理醒收 근도리성수　가까이 이르면 진리 깨달아 거두리.

②

越嶺淸風颯 월령청풍삽　고개를 넘어서 맑은 바람 부니

邊山道朶開 변산도타개　변산에 도의 꽃송이 피어나네

潺溪群鮒泳 잔계군부영　물 흐르는 개울엔 뭇 붕어 헤엄치고

山麓衆獐徊 산록중장회　산기슭에 무리지은 노루 노닐어라.

2. 석립청수성(石立聽水聲)

1) 석립(石立)

석립(石立)이 아니라 원칙적으로는 입석(立石)이라 해야 한다. 입석이라는 의미는

①선돌

②무덤 앞에 비갈(碑碣) 따위의 석물을 세움.

③ 도정표(道程標) 따위 표석(標石)으로 세운 돌.

④ (기념하는 뜻으로) 큰 돌로 비(碑) 따위를 만들어 세운다는 뜻이다.

2) 수성(水聲)

① 물소리.

② 물이 흐르거나 부딪치거나 하여 나는 소리.

③ 〈민속〉관상에서, 사람의 목소리를 오행(五行)으로 나누었을 때 수(水)에 해당하는 소리.

■ 해 의

태초에 아득하고 하늘은 검었다. 땅도 없었으며 사위(四圍)는 그야말로 암흑이었다. 이때 어느 곳에 하늘과 닿아 있는 별이 있었다. 여기에 '반고(盤古)' 가 있었다. 그는 애초에는 알속에 있었는데, 도끼로 알을 깨고 나왔다. 알을 깨고 나오자마자 하루에 석 자씩 자라났다. 그러자 머리가 하늘에 닿았다. 그러므로 어쩔 수 없이 하늘을 두 손으로 받쳐 들었다.

그러자 하늘과 땅의 사이가 매일 석 자씩 벌어졌다. 세월이 흘렀고 반고도 나이가 들었다. 그러나 키는 계속하여 자랐고 하늘과 땅은 그 사이가 많이 벌어져서 이제는 그 중간에 대단히 넓은 공간이 생겨났다. 이렇게 계속 자랐는데, 그 키가 9만 자가 되었다고 한다. 어느덧 반고는 하늘과 땅을 분리시키고는 또 다시 하늘과 땅이 붙는 것을 막기 위해 거북을 잡아서 그 다리를 잘라 네 기둥으로 삼아 하늘과 땅을 받쳐 놓았고 거북의 껍질은 하늘을 가리는 덮개로 썼다. 그래서 하늘을 보면 둥글게 보인다고 한다. 그러나 북쪽에 받쳐진 거북의 한쪽 다리가 짧아서 지구는 북쪽으로 약간 기울어지게 되었다.

마침내 반고는 힘이 다하여 쓰러져서 죽었는데, 반고의 두 눈은 각기 해와 달이 되었고 머리카락은 별이 되었다. 수염과 몸의 털은 지상의 수목이 되었다. 그리고 살은 땅이 되었으며 뼈는 산맥이 되고 피는 물이 되었다.

옛날의 전설이지만 하늘을 받치는 네 기둥이 있다고 하였다. 그러면 지금은 없는가. 있다. 바로 석립(石立)이다. 돌이 서 있다. 돌이 서서 그 역할을 한다. 누운 돌이 아닌 선돌이기 때문이다.

돌은 서 있어야 한다. 서 있는 돌이라야 귀가 열린다. 누워있으면 귀가 닫혀서 소리를 들을 수 없다. 열린 귀라야 우주(宇宙)의 소리, 진리(眞理)의 소리, 만물(萬物)의 소리, 심성(心性)의 소리, 사람의 소리, 물의 소리를 들을 수 있다.

소리란 무엇인가? 닭이 울어야 새벽이 열린다. 이와 같이 우주도

처음에는 혼돈(混沌)으로 있다가 태초의 한 소리에 의하여 열렸다고 한다. 이를 기독교에서는 "태초에 말씀이 계시니라" 고 하였다.

미국 시애틀 워싱턴대학교 존 크래머(John G. Cramer) 물리학과 명예교수는 137억 년 전 우주가 탄생했을 때 빅뱅(big bang)의 소리를 재현해 냈다. 그는 초기 우주 진화의 빅뱅의 소리를 고감도 연주와 동영상으로 만들어 냈다고 한다.

이와 같이 태초에 우주가 열리는 소리가 기독교에서는 말씀의 소리라 하였고, 존 크래머 교수도 빅뱅(big bang)의 소리를 재현(再現)했다 하였으니 돌이 서서 물소리를 듣는다는 것은 우주로부터 저 미물(微物)에 이르기까지 태초의 소리를 들어왔기 때문에 새삼스러울 것 없이 들을 뿐이다.

송(頌)하노니

①

一聲天下破 일성천하파　한 소리가 천하를 부수고

未語聒心知 미어오심지　말하지 않음 마음이 들어 안다네

石水無間遂 석수무간수　돌과 물은 사이 없음을 이뤘으니

響非響不憂 향비향불우　울리든 울리지 않든 근심치 않으리.

②

立石非聽水 입석비청수　선돌만 물소리를 듣는 것이 아니요

臥巖弗耳聆 와암불이영　누운 바위는 귀가 없을지라도 듣네

理源聲本絶 이원성본절　진리 근원은 소리가 본래 끊겼으니

能晤自心醒 능오자심성　능히 자기 마음이 깨어나야 들으리.

3. 무무역무무 비비역비비(無無亦無無 非非亦非非)

1

한문 문자의 특징에 「부정(否定)+부정(否定) = 긍정(肯定)」이라는 공식이 있다. 이것이 이중부정(二重否定)이다. 즉 한번 부정한 것을 다시 부정함으로써 강한 긍정(肯定)의 결정(結晶)을 이끌어내기 위한 구법(句法)이라고 할 수 있다.

몇 개 글자를 들어보면 無(莫, 靡), 不(非), 非(匪) 등이니 주로 이런 글자가 조합을 이루어서 보다 확실한 긍정을 이루게 된다.

예를 들어서 문장을 만들어보면

①막불(莫不): 아니함이 없다.

'막불탄복(莫不嘆服)': 탄복하지 않을 수 없다.

②막비(莫非): 아님이 없다.

'보천지하 막비왕토(普天之下 莫非王土)' : 넓은 하늘 아래 왕의 토지 아님이 없다.

③ 무불(無不): 하지 않음이 없다.

'무불변색(無不變色)' : 안색을 변하지 않는 이 없다.

④ 無非: 아닌 것이 없다.

'무비인욕(無非人欲)' : 사람의 욕심이 아닌 것이 없다.

⑤ 非無: 없는 것이 아니다.

'비무안거 아무안심야 비무족재 아무족심야(非無安居 我無安心也 非無足財 我無足心也)' : 편안한 곳이 없는 것이 아니라, 나에게 편안한 마음이 없는 것이요, 만족할 만한 재산이 없는 것이 아니라, 나에게 만족할 만한 마음이 없다.

2

이렇게 볼 때 '무무역무무(無無亦無無) 비비역비비(非非亦非非)'에서 유추(類推)를 해보아야 한다.

①무(無)는 부정이다.

②무무(無無)는 부정의 부정이다.

③ 무무(無無) 역(亦) 무무(無無)는 부정의 부정이요, 또한 부정의 부정이다.

④무무(無無)는 부정이요, 또한 앞의 무무(無無)를 부정하는 부정이다.

3

①비(非)는 부정이다.

②비비(非非)는 부정의 부정이다.

③비비(非非)는 부정의 부정이요, 또한 비비(非非)는 부정의 부정이다.

④비비(非非)는 부정이요, 또한 앞의 비비(非非)를 부정하는 부정이다.

4

이렇게 두 글귀에서 부정의 글자인 '無' '非'를 써서 부정을 했고, 대(對)를 지어서 또한 부정을 했으며, 두 문장을 맞대어서 부정을 하고 있다.

이렇게 부정한다는 것은 무엇을 의미하는가?

이는 강력한 긍정(肯定)이 이뤄짐을 나타내기 위해서라고 할 수 있다. 즉 진리가 되었든, 천지가 되었든, 우주가 되었든 간에 '무엇'인가는 있다. 다만 그 있는 것을 입으로써 말을 못하고(以口不言), 그림으로써 그리지 못하며(以畵不繪), 글로써 쓰지 못하고(以書不寫), 물건으로써 전해주지 못하며(以物不傳), 형상으로써 보여주지 못할(以形不示) 뿐이지 "있기는 분명이 있다"고 확언(確言)과 확신(確信)을 할 수 있다.

5

자천지지(自天至地)와 자우지주(自宇至宙)와 자중지변(自中至邊)과 자상지하(自上至下)에 다 있다. 즉 하늘로부터 땅에 이르기까지(天地), 우로부터 주에 이르기까지(宇宙), 가운데로부터 가에 이르기까지(中邊), 위로부터 아래에 이르기까지(上下) 들어있지 않음이 없고 펼쳐있지 않음이 없으며 드러나지 않음이 없고 운전하지 않음이 없으니 이를 부정하여 '없다' '끊어졌다' '아니다' '텅 비었다'는 등의 말이나 글로 부정을 하거나 아주 없고 허망한 것이라고 말하는 것은 크게 잘못을 범하는 것이 된다.

6

또한 게송(偈頌)에서

유(有)는 무(無)로

① 있는 것은 없는 것으로

② 변(變)하는 것은 불변(不變)하는 것으로

무는 유로

①없는 것은 있는 것으로

②불변하는 것은 변하는 것으로

돌고 돌아 지극(至極)하면 유와 무가 구공(俱空)이나

①없음과 있음, 있음과 없음이 없으나

② 변함과 불변, 불변과 변함이 없으나

구공 역시 구족(具足)이라

① 없음과 있음, 있음과 없음이 있고

② 변함과 불변, 불변과 변함이 있다고 하였다.

이렇게 볼 때 '있다', 또한 '없다' 라고 하다가 '없다', 또한 '있다' 라고 하였으니

무무역무유(無無亦無有), '없다' 는 것은 없는 것이지만 또한 없는 것으로서 있고

무무역비유(非非亦非有), '아니다' 란 것은 아닌 것이지만 또한 아닌 것으로서 있다. 즉 '없는 것으로서 있다' 고 하였고 '아닌 것으로서 있다' 는 것은 강연이 덧붙인 희언(戱言)에 지나지 않음을 알아야 한다.

그러므로 '무무역무무(無無亦無無) 비비역비비(非非亦非非)' 처럼 진리의 원체(元體)를 확연하게 드러낸 말씀은 어디에도 없다.

■ 해 의

우리가 통상적으로 진리를 말할 때 '없다(無)', '아니다(非)', '텅 비었다(空)' 는 등으로 설명을 한다. 그러나 근원에 있어서는 무엇으로 어떤 설명을 할지라도 군더더기에 지나지 않는 것이지만 강연(强然)이라도 말이나 글이나 행동이나 그림으로 나타낼 수도 있어야 현실과 가깝게 된다.

이렇게 말은 할지라도 꼭 들어맞는 답은 사실적으로 없다는 것을 기본으로 삼아야 한다. 그렇지만 누구든 나름대로 의지를 피력(披瀝)은 할 수 있어야 하고 그 피력에 대하여 어떤 비판도 감내할 수 있

어야 한다.

이런 의미에서 공(空=無)에 대한 설명을 해 보려고 한다.

첫째, 체공(體空)이다. 바로 체성(體性) 자체가 텅 비었다는 의미이다. 어떤 언행이나 서화(書畵)도 닿지 않는 구극의 근원 자리이다. 곧 "본래무일물(本來無一物)"이다. 다시 말하면 대소유무(大小有無)나 생멸거래(生滅去來)나 선악업보(善惡業報)나 언어명상(言語名相)이 돈공(頓空)한 자리이다.

둘째, 만공(滿空)이다. 바로 가득 찼다는 의미이다. 시방삼계(十方三界)가 찼고 일월성신(日月星辰)이 찼으며 삼라만상(森羅萬象)이 찼고 산하대지(山河大地)가 조화(調和)롭게 꽉 차 있어서 무흠무여(無欠無餘)한 자리이다. 즉 "무일물중에 무비진장이니 유화용월이요 고산여수(無一物中 無非盡藏 有花聳月 高山麗水)이다." 즉 '한 물건도 없는 가운데 모두 갈무리지 아니함이 없으니 꽃도 있고 달도 솟으며 산은 높고 물은 빛난다.' 는 뜻이다.

셋째, 화공(化空)이다. 온갖 조화(造化)를 다 부린다는 의미이다. 세상에 변화되거나 환역(換易)되지 않는 것은 하나도 없다. 이러한 변역(變易)은 공리(空理)에 인과(因果)라는 원리가 있어서 유상(有常)의 입장에서는 상주불멸(常住不滅)로 여여자연(如如自然)하여 무량세계가 전개된다. 또한 무상(無常)의 입장에서는 우주의 성주괴공(成住壞空)과 만물의 생로병사(生老病死)와 사생(四生)의 심신작용(心身作用)에 의하여 무량세계가 전개되는 것이니 이것이 바로 조화이다. 다시 말하면 무시광겁(無始曠劫)에 은현자재(隱顯自在)를 한다는 의미이다.

넷째, 귀공(歸空)이다. 결국 공(空)의 본연으로 되돌아간다는 의미이다. 일원(一圓)이라는 진리 속에 들어있는 모든 것은 성주괴(成住壞)의 과정을 겪으면서 궁극의 공(空)으로 돌아간다는 뜻이다. 보라! 시방세계에 유여(有餘)하고 영존(永存)하는 것이 무엇이 있는가? 다만 시간의 장단차이는 있다할지라도 일원이라는 진리 이외에는 영겁토록 존재하거나 남는 것은 절대로 없다.

결론적으로 말하자면 체공(體空)은 진공(眞空)이요 공적(空寂)이며 구공(俱空)이요 원만(圓滿)이며 체(體)이다. 따라서 만공(滿空)과 화공(化空)과 귀공(歸空)은 묘유(妙有)이요 영지(靈知)이며 구족(具足)이요 구족(具足)이며 용(用)이다.

또한 우주 자체에 갈무리된 진리는 곧 「불생불멸(不生不滅)과 인과보응(因果報應)」이다. 이러한 진리를 깨쳐 뭉텅하게 대선언(大宣言)을 한 분이 석가모니 부처님이요 소태산대종사 부처님이다. 그러므로 진공의 체(體)는 곧 '불생불멸' 이요, 만공 · 화공 · 귀공의 용(用)은 곧 '인과보응' 이라고 할 수 있다.

이해를 돕기 위하여 육조 대사(六祖大師)의 글 하나를 소개한다.

"나에게 한 물건이 있으니 머리도 없고 꼬리도 없으며 이름도 없고 글자도 없으나 위로 하늘을 기둥하고 아래로 땅을 기둥하며 밝기는 해와 같고 검기는 칠과 같아 항상 움직이고 쓰이는 가운데 있지만 움직이고 쓰이는 가운데서도 얻지 못하는 것이 이것이다(有一物無頭無尾 無名無字 上柱天下柱地 明如日黑似漆 常在動用中 動用中收不得者是)."

또한 함허득통(涵虛得通: 1376~1433) 선사의 글 하나를 소개한다. 이 글은《금강반야바라밀경(金剛般若波羅密經)》의 오가해서설(五家解序說)에 있는 글이다.

"여기에 한 물건이 있으니 이름이나 모양이 없다. 예와 지금을 꿰뚫었으며 한 티끌에 처했으되 육합(天地, 四方)을 에워쌌다. 안으로는 뭇 묘함을 머금고 밖으로는 온갖 근기에 응하며, 하늘과 땅과 인간의 주인이 되고, 만법의 왕이 되니 넓고 넓어 그에 비할 것이 없고 높고 높아서 그에 짝할 것 없다. 신비하다 말하지 않을 것이며 엎드리고 우러르는 사이에 밝고 밝으며 보고 들을 때에 은은하니 현묘하다 않겠는가. 천지보다 먼저지만 그 비롯함이 없고 천지보다 뒤라도 그 마침이 없으니 텅 빈 것인가 있는 것인가 나는 그 까닭을 알지 못하겠다(有一物於此 絶名相 貫古今 處一塵 圍六合 內含衆妙 外應群機 主於三才 王於萬法 蕩蕩乎其無比 巍巍乎其無倫 不曰神乎 昭昭於俯仰之間 隱隱於視聽之際 不曰玄乎 先天地而無其始 後天地而無其終 空耶有耶 吾未知其所以)."

《열반경(涅槃經)》에 "본유금무 본무금유 삼세유법 무유시처(本有今無 本無今有 三世有法 無有是處)"라 하였다. 즉 '본래 있지만 지금 없고 본래 없지만 지금 있는 것이니 삼세에 법이 있다 한다면 옳다 할 수 없다'는 의미이다. 이는 본래는 있는 것이지만 지금 보거나 알려하면 없고, 본래는 없는 것이지만 지금 보거나 알려하면 있다. 그러나 이미 '법(造作의 뜻)'이라고 단정(斷定)을 지어서 '있다'고 하는 것은 '옳은 것이 아니다'고 말할 수 있다. 그러나 어떤 언어나 문자나 형상이나 행위로 되기 이전은 분명히 '있다'고 해야 한다.

물리학에서 빅뱅(Big Bang)이라는 말을 한다. 이는 1,370,000,000년 전에 일어난 것으로 추정되는 우주의 대폭발을 의미한다. 그렇다면 이 우주가 폭발되어 형성이 되었다는 137억년 이전은 아무것도 없었을까? 흔히 혼돈(混沌)이었다고 한다. 아무리 혼돈이라 할지라도 무엇인가 있었던 것은 분명하다.

또한 블랙홀(black hole)도 분명히 밝혀졌다. 이는 매우 큰 중력장에 의하여, 빛조차 빠져나올 수 없는 경계로 둘러싸인 시공간 영역이다. 블랙홀의 중심에는 알려진 물리 법칙이 더 이상 성립하지 않는 중력 특이점이 존재한다. 이 블랙홀의 모양은 둥근 구멍으로 바로 일원상(一圓相)의 모습이 뚜렷이 나타나고 있으니 이도 또한 존재하는 것이라고 보아야 한다.

송(頌)하기를

①

無也眞空處 무야진공처　무란 참으로 빈 곳이요

有爰本位虛 유원본위허　유도 이에 본래자리 비었네

一蝸頭兩角 일와두양각　한 달팽이 머리에 두 뿔이니

事實在源如 사실재원여　사실 근원에 있어서는 같아라.

②

觀無離執著 관무이집저　없음을 보아서 집착을 여의고

看有脫虛亡 간유탈허망　있음을 보아서 허망을 벗을지라

本始眞空處 본시진공물　본래부터 참으로 비었던 물건이니

要醒隔重牆 요성격중장　깨치려하면 무거운 장벽 막히리.

③

十方三界裏 시방삼계리　시방과 삼계 속에

群物滿完充 군물자완충　모든 물이 가득 완전히 채워져

隱顯兼生滅 은현겸생멸　숨고 나타남과 아울러 생멸하니

一圓理化空 일원리화공　일원의 진리인 공의 조화여라.

④

소태산대종사님의 시를 한시의 틀에 맞게 조금 변형을 시켜보면 아래와 같이 쓸 수 있다.

九曲邊山路 구곡변산로　아홉 구비 진 변산의 길에

水聲立石聽 수성입석청　물소리를 선돌이 듣는구나

意無非否定 내무비부정　없음과 아님은 부정의 의미이니
得實理空醒 득실리공성　실상 진리 얻으려면 공을 깨칠지라.

1) 시가 나오게 된 배경

이 시가 나오게 된 배경 곧 상황을 말하자면 다음과 같다.

변산은 마른 바위산이라 많은 비가 내려도 몇 시간쯤 수량이 풍부하다가도 이내 골짜기가 말라버리기 일쑤다. 내변산의 모든 개울물은 백천(百川)으로 모아지고 백천은 한줄기로 해서 해창(海蒼)으로 흘러 서해바다가 된다.

어느 여름에 큰비가 내려 봉래정사 건너의 층암절벽 위에서 떨어지는 폭포와 사방 산골에서 흐르는 물이 줄기차게 내렸다. 한참 동안 그 광경을 바라보던 소태산대종사는 제자들에게 말하였다.

"저 골짜기에서 내리는 물이 지금은 갈래가 비록 다르나 마침내 한 곳에 모아지니 만법귀일(萬法歸一)의 소식도 이와 같나니라."

소태산대종사가 봉래정사에 있을 때 이 무이구곡가 시를 즐겨 읊었고 제자들에게도 읊도록 권하였다.

내변산의 물줄기는 제1곡 대소(大沼)에서 시작하여, 제2곡 직소폭포(直沼瀑布), 제3곡 분옥담(噴玉潭), 제4곡 선녀탕(仙女湯), 제5곡 봉래곡(逢萊曲), 제6곡 영지(影池), 제7곡 금강소(金剛沼), 제8곡 백

천(百川), 제9곡 암지(暗池)로 흐르는 아름다운 골짜기가 금강산의 아름다움에 버금간다하여 변산을 봉래산이라고도 하고 계곡을 봉래구곡(蓬萊九曲) 또는 변산구곡(邊山九曲)이라 부른다.

봉래구곡 중 봉래곡이 구곡의 중심으로 이곳을 봉래구곡, 변산구곡, 구곡로(九曲路)라고도 부른다. 소태산대종사는 이 봉래구곡에 자주 산책을 즐기기도 하고 너럭바위에 앉아 물아일여(物我一如)로 흐르는 개울물 소리에 취하곤 하였다.

어느 날 소태산대종사는 봉래구곡에 다녀와 봉래정사에서 여러 제자들에게 말씀하셨다.

"내 전일에 한 생각을 얻은 후 문자를 많이 기록해 놓았다가 여러 가지 사정으로 소화(燒火)한 후, 그것이 본시 나의 정신에서 나온 것이므로 나의 생전에는 다시 저술하기가 용이할 줄 알았더니, 이제는 여러 가지 사무에 끌리는 관계인지 혹 상기(上氣)도 되고 정신이 혼미해지니 한(恨)이로다." 하고 한시 두 귀를 써주신 시가 이 시이다.

소태산대종사 이어 말씀하셨다.

"이 뜻을 알면 곧 도를 깨닫는 사람이니라."

2) 변산이란?

우선 시 한 수가 얼른 떠오른다.

蓬萊山麓兎獐遊 봉래산록토장유

봉래산 기슭에는 토끼와 노루가 노닐고

九曲溪中鯽鯉游 구곡계중즉리유

구곡의 시내 가운데는 붕어와 잉어 헤엄쳐라

立石延枝鐫佛貌 입석연지전불모

선돌과 뻗힌 가지에는 부처의 모습 새겨졌고

人聽水響自心幽 인청수향자심유

사람은 물의 울림 듣고 저절로 마음 깊어지네.

봉래산에는 토끼나 노루들이 짝을 지어 노닐고 구곡의 개울물에는 붕어나 잉어가 무리를 지어 헤엄을 친다. 서 있는 돌이나 뻗힌 가지에는 부처의 열매가 매달려있다. 사람들이 아름다운 경치를 구경하며 물가를 거닐다가 문득 물의 울림소리를 듣고 마음이 쇄락(灑落)해지고 깊어져서 자신도 모르게 명상(瞑想)에 잠겨 산아일체(山我一體)를 이루고 수아일질(水我一質)을 이룬다.

변산은 깊은 산이다. 그리고 국립공원으로 지정이 된 아름다운 산이다. 특히 봄이 더욱 아름답다. 그래서 "춘변산 추내장(春邊山 秋內藏)"이라 한다. '봄에는 변산의 파릇한 싹과 산 벚꽃 경치가 아름답고, 가을에는 내장산의 노랗고 붉은 단풍이 아름답다' 는 뜻이다.

또한 변산은 정감록(鄭鑑錄)에서 십승지지(十勝之地)로 꼽고 있다. 병란(兵亂)을 피하기에 알맞다고 전해지는 열군데 가운데 하나이다.

변산은 이렇게 거닐기만 하여도 저절로 수양이 되는 곳으로 과거에 많은 도꾼이나 수행자들이 드나들며 진리를 깨우치려고 정진을 하였다. 지금도 변산 주변의 사찰들이 많이 있다. 내소사(來蘇寺), 개암사(開巖寺), 월명암(月明庵), 실상사(實相寺), 청련암(青蓮庵), 연화정사(蓮花精舍), 백룡사(白龍寺) 등이 있고 원불교 기관으로 원광선원(圓光禪院)이 있다.

변산이 자리 잡은 부안에 대해서 조금 더 이야기를 해보려 한다.

옛말에 '생거부안 사거순창(生居扶安 死居淳昌)' 이라 하였다. 이는 부안이 그만큼 양택(陽宅: 집터) 곧 명당(明堂)이 많다는 것이고 순창은 음택(陰宅: 묘 자리) 곧 명당이 많다는 말이다.

살아서는 부귀하고 죽어서는 좋은 땅에 묻히는 것이 사람이 소망일진대 좋은 땅을 가리는 것은 당연하다.

실제로 부안은 집 짓고 살만한 자리가 많이 있고 순창은 산과 물이 잘 어우러져 묘 자리가 많다.

부안은 '복조리형' 이어서 부안에 집을 짓고 살면 복조리로 쌀을 뜨듯이 재물을 모은다고 한다.

순창은 중소혈(中小穴)로 명당이 많이 있기도 하지만 호남팔대지인 회문산(回文山)의 오선위기(五仙圍碁 다섯 신선이 바둑을 두고 있는 모습)가 특히 유명하다. 오선위기가 순창, 임실 산천의 기운 절반을 차지하고 있다고 한다.

원래 '생거부안' 이라는 말은 조선시대 어사 박문수에게서 나왔다고 한다. 하루는 영조대왕이 박문수를 불러 "조선에서 가장 살기 좋은 곳이 어디냐?" 고 묻자 박문수는 한 치의 머뭇거림도 없이 "사람 살기에는 부안이 최고입니다." 라고 대답을 하였다.

박문수는 그 이유를 묻는 질문에 풍부한 어류에 집집마다 소금 가마니가 높이 쌓여있고 농토가 기름지고 사람 인심이 후덕하기 때문이라고 설명을 덧붙였다.

풍수적으로 보면 부안군은 산들이 순하게 내려와 기운을 간직하고 있어 산자락마다 큰 명당은 아닐지라도 집을 짓고 살만한 조건을 구비하고 있다. 따라서 부안에 집 짓고 살면 재산을 금방 모은다는 옛말도 전해온다.

변산(邊山)을 예로부터 봉래산(蓬萊山)이라 이름하고 아름다운 골짜기 굽이굽이를 봉래구곡(蓬萊九曲)이라 하였다. 대종사는 봉래정사(蓬萊精舍)에서 생활하며 봉래곡(蓬萊谷) 산책을 자주 즐기며 흐르는 개울물 소리에 취하곤 하였다.

봉래곡에 산책을 다녀온 어느 날, 제자들에게 "많은 문자를 기록해 놓았다가 소화한 후, 다시 저술하기가 여의치 않다." 하시며 '邊山九曲路(변산구곡로)에 石立聽水聲(석립청수성)이라 無無亦無無(무무역무무)요 非非亦非非(비비역비비)라.' 는 한시(漢詩) 두 귀를 써주시며 "이 뜻을 알면 곧 도(道)를 깨닫는 사람이니라." 하였다.

어느 구절에 중점을 두고 이해하고 해설하느냐에 따라 조금씩 다를 수 있다. 전반부 두 귀에 중점을 두면 용(用)을 중시함이 되고, 후반부 두 귀에 중점을 두면 체(體)를 중시함이 된다. 용이란 현상(現象)의 나타난 면이라 한다면 체는 본원(本源)의 숨어있는 면이라고 할 수 있다. 그러나 궁극에 이르러서는 은현(隱顯)이 동원(同源)이요, 체용(體用)이 불이(不二)라고 할 때 명심(明心)으로 각오(覺悟)를 이루고 정안(正眼)으로 정견(正見)을 하면 하나이니 그 하나는 무(無)요 공(空)이라고 할 수 있다.

3) 참 조

참고로 주자의 "무이구곡가(武夷九曲歌)" 와 정지상의 "변산소래사(邊山蘇來寺)"의 한시를 소개한다.

(1) 주자의 무이구곡(武夷九曲)

중국 송나라 때의 주자(朱子)가 중국 복건성(福建省)과 강서성(江西省)의 경계지대에 무이산(武夷山)이 있고, 그 산에는 경치가 매우 좋은 명승지가 많아 '무이구곡(武夷九曲)' 이라 하는데, 주자가 무이구곡의 아름다운 경지를 찬탄하는 〈무이구곡가(武夷九曲歌)〉를 지었다고 한다. 주자의 무이구곡에 유래해서 우리나라에서도 경치 좋은 계곡을 구곡이라 하게 되었다.

그러면 주자가 지은 무이구곡가를 소개하면 다음과 같다.

武夷山上有仙靈 무이산 위에 선영이 있으니

山下寒流曲曲淸 산 아래 한류가 굽이굽이 맑아라

欲識箇中奇絶處 그 가운데 기절한 곳 알고자 할진댄

櫂歌閑聽兩三聲 돛대 노래 한가히 두 세 소리 들어보게.

①

一曲溪邊上釣船 한 굽이 시냇가 낚싯배에 오르니

幔亭峰影蘸晴川 만서봉 그림자 맑은 내에 담겼네

虹橋一斷無消息 무지개다리 한 번 끊겨 소식 없는데

萬壑千巖鎖翠煙 만 구렁 천 길 바위 푸른 연기에 잠겼어라.

②

二曲停停玉女峰 두 굽이 곱디고운 옥녀봉아

揷花臨水爲誰容 꽃 꽂고 물에 임하니 누를 위한 단장인가

道人不復荒臺夢 도인은 다시 영화를 바라지 않는다지만

興入前山翠幾重 흥이 겨워 앞산에 드니 푸른빛이 몇 겹이어라.

③

三曲君着架壑船 세 굽이 그대가 골짜기에 매어 둔 배가

不知停櫂幾何年 돛대 머문 지 그 몇 년임을 알 수 없네

桑田海水今如許 뽕나무 밭 바닷물 지금 저와 같으니

泡沫風燈敢自憐 물거품 바람 앞 등잔이 감이 애련하누나.

④

四曲東西兩石巖 네 굽이 동쪽과 서쪽 두 바위에

巖花垂露碧氍滲 바위에 꽃들은 이슬 머금어 푸르게 드리웠네

金鷄叫罷無人見 금 닭이 울다가 그침을 본 사람이 없는데

月滿空山水滿潭 달은 빈산에 가득하고 물은 못에 가득하여라.

⑤

五曲山高雲氣深 다섯 굽이 산은 높고 구름 기운 깊은데

長時煙雨暗平林 기나긴 때 안개비에 평림이 어두워라

林間有客無人識 숲 사이 객 있음을 아는 이 없는데

欲乃聲中萬古心 뱃사공 노래 소리에 만고 수심 깊어지네.

⑥

六曲蒼屛繞碧灣 여섯 굽이 푸른 병풍, 푸른 물굽이 둘렀고

茅茨終日掩柴關 띠로 이은 집은 윈 종일 사립문이 가려졌어라

客來倚櫂巖花落 나그네 노에 의지해 와도 바위 꽃 떨어지는데

猿鳥不驚春意閑 원숭이와 새들 놀라지 않고 봄의 정취 한가롭네.

⑦

七曲移船上碧灘 일곱 굽이 배를 옮겨 푸른 여울 올라서

隱屛仙掌更回看 은병봉, 선장암을 다시 돌아보누나

却憐昨夜峰頭雨 어젯밤 내린 비에 봉우리가 가련하니

添得飛泉幾度寒 비천은 얼마나 차가움을 더했는고.

⑧

八曲風煙勢欲開 여덟 굽이에 바람일자 연기의 형세 열리고

鼓樓巖下水滎廻 고루암의 아래서는 물이 엉켜 도누나

莫言此處無佳景 이곳에 아름다운 경치 없다 말하지 말게

自是遊人不上來 여기부터 노는 사람들 오를 수가 없어라.

⑨

九曲將窮眼豁然 아홉 굽이 장차 다해 눈이 훤히 열리니

桑麻雨露見平川 뽕나무 삼나무 비이슬에 평천이 보이네

漁郎更覓桃源路 어부는 다시 무릉도원의 길을 찾겠지만

除是人間別有天 이 인간을 제하고 다른 하늘이 있으랴!

주자(朱子. 1130~1200): 이름은 희(熹), 자는 원회(元晦) 또는 중회(仲晦), 호는 회암(晦菴)·고정(考亭)·자양(紫陽)·둔옹(遯翁)·우계(尤溪). 중국 송대의 유학자, 휘주(徽州) 무원(挽源)에서 주송(朱松)의 아들로 태어났다. 어려서부터 매우 총명하여 겨우 말을 배우기 시작할 때 아버지가 하늘을 가리켜 천(天)이라 하니 주자는 '하늘 위에 어떤 물건이 있습니까?' 라고 물었다고 한다. 《효경》을 읽고는 그 위에 '이같이 하지 않으면 사람이 아니다' 라고 썼다고 한다. 14세 때 아버지를 여의고 부친의 유명에 따라 호헌(胡憲)·유면지(劉勉之)·유자휘(劉子翚) 등에게서 배웠는데 그가 불교·도교에 드나든 것도 이들의 영향을 받은 것이다.

24세 때부터 이연평(李延平)에게 사사하여 정자(程子)의 학에 몰두했다. 경학(經學)과 사학(史學) 등도 광범위하게 연구했고, 당시 여러 저명한 선비들과 학문을 토론했다. 그는 집이 가난하여 젊어서 아버지의 친구였던 유자우(劉子羽)에게 의지하여 건안(建安)의 숭안(崇安)에 살았는데 집에 자양서실(紫陽書室)이라 써 붙였다. 뒤에 고정(考亭)에 옮겨 살았으나 언제나 청빈하여 사람들이 찾아오면 콩밥에 아욱국을 끓여먹으면서 도를 즐겼다고 한다.

그는 많은 저술을 했는데 《사서집주(四書集註)》·《근사록(近思錄)》·《자치통감강목(資治通鑑綱目)》 등 100여 권과 제자와의 문답 80여 권 등이 있다. 그가 민(閩)에 살았으므로 그 학파를 민학(閩學)이라 하며, 주렴계(周濂溪)·정명도(程明道)·정이천(程伊川)·장횡거(張橫渠)와 더불어 송나라 오현(五賢)으로 일컬었다. 그가 죽은 뒤 나라에서 문(文)이라 시호(諡號)를 내리고, 1227년에는 태사(太師)를 주고, 휘국공(徽國公)에 봉했다. 1241년에는 문묘(文廟)에 배향되었다.

주자의 학문은 주렴계·이정자(二程子)·장횡거 등의 사상을 종합하고 있기 때문에 이들의 학문을 포함하여 주자학(朱子學)이라 하기도 하고, 직접 정이천(程伊川)의 학문을 이어받고 있어서 정주학(程周學)이라고도 한다. 그러나 그의 학문의 특색이 이기철학(理氣哲學)에 있었으므로 성리학(性理學)이라도 불린다. 요지는 이기설(理氣說)과 심성론(心性論)에 근거하여 격물치지(格物致知)를 중심으로 하는 실천도덕과 인격완성의 학문 성취를 강조하는 내용이다.

이 학문은 고려 말에 우리나라에 소개되어 퇴계(退溪) · 율곡(栗谷) 등에 의해 대성되었고, 국가통치의 기본이념으로 활용되었다. 정산 종사는 "가시나무는 쳐내도 다시 길어나는데 지란(芝蘭)은 길러도 죽기 쉽다."고 했던 주자의 말을 인용하면서 우리가 선은 하기 어렵고 악은 범하기 쉽나니 악심은 처음 날 때에 끊어버리고 선심은 놓지 말고 잘 배양하여 수 만생 불종선근이 뿌리깊이 박히도록 힘쓰라 했다.

(2) 정지상의 변산소래사(邊山蘇來寺)

고려 중엽에 발생한 서경 천도운동을 주도한 묘청(妙淸, ?~1135)의 요청으로 변산에 내려온 정지상(鄭知常)이 지금의 내소사를 방문하여 깊은 산속의 고즈넉한 사찰과 맑은 분위기와 스님들의 한적한 생활을 읊은 것이 '변산소래사(邊山蘇來寺)' 이다.

古徑寂寞縈松根 고경적막영송근

오래된 길 적막한 채 솔뿌리가 얽히었고

天近斗牛聊可捫 천근두우료가문

하늘이 가까워 두우성은 손에 잡힐 듯하네

浮雲流水客到寺 부운유수객도사

뜬구름 흐르는 물인 양 나그네 절에 이르니

紅葉蒼苔僧閉門 홍엽창태승폐문

붉은 잎 푸른 이끼에 스님은 문을 닫았어라

秋風微凉吹落日 추풍미량취낙일

가을바람 선선하여 떨어지는 해에 불고

山月漸白啼淸猿 산월점백제청원

산중 달이 차츰 훤해지니 원숭이 울어대네

奇哉厖尾一老衲 기재방미일노납

기이하구나! 눈썹이 긴 한 늙은 스님은

長年不夢人間喧 장년불몽인간훤

긴긴 세월 인간의 시끄러움 꿈도 꾸지 않아라.

고려 중기에 정지상(鄭知常)이 지은 한시. 칠언율시로《동문선(東文選)》제12권에 전한다. 시선집에 따라서는 '변산소래사' 또는 '소래사' 로 적는 등 제목이 일정하지 않다. 부안군 변산에 있는 소래사에서 지은 것으로 뜬구름, 흐르는 물처럼 자신도 모르게 절에까지 이르게 된 작가가 승려들의 한적한 생활모습을 읊은 것이라고 할 수 있다.

정지상(鄭知常; ?~1135, 인종13)은 서경(西京) 사람으로 초명은 지원(之元)이다. 어려서 아버지를 여의고 편모슬하에서 성장했다. 1112년(예종 7) 과거에 급제하여 1113년에 지방직으로 벼슬을 시작했다. 시(詩)에서뿐만 아니라 문(文)에서도 명성을 떨쳐 당대에 김부식(金富軾)과 쌍벽(雙璧)을 이루었다. 1135년 묘청(妙淸)은 인종(仁宗)의 서경천도(西京遷都)의 뜻이 미약해지자 성급하게 난을 일으켰다. 관군(官軍) 총사령관으로 반란진압에 나선 김부식은 먼저 국론을 통해 정지상 · 김안 · 백수한 등이 반역에 가담했으니 제거해야 한다고 주장해, 개경에 있었던 그는 즉시 체포되어 궁문 밖에서 죽임을 당하고 말았다.

〈장원정 長源亭〉 · 〈개성사 開聖寺〉 · 〈제등고사 題登高寺〉 등과 더불어 명시로 알려져 있는 작품이다. 특히, 제2련의 '부운유수객도사 홍엽창태승폐문(浮雲流水客到寺 紅葉蒼苔僧閉門)' 은 명구로 알려져 있으며, 이것이 요체(要諦)로 되어 있다.

V. 공을 위하면 저절로 이뤄진다

함이 있음은 함이 없음이 되고 상이 없음이 진실로 완전한 상이네, 나를 잊으면 참 나가 나타나고 공을 위함이 도리어 자기를 이룸이라
(有爲爲無爲 無相相固全 忘我眞我現 爲公反自成)

이 법문은《정산종사법어(鼎山宗師法語)》무본편(務本編) 33장에 실려 있다.

"불보살은 함 없음에 근원하여 함 있음을 이루게 되고, 상 없는 자리에서 오롯한 상을 얻게 되며, 나를 잊은 자리에서 참된 나를 나타내고, 공을 위하는 데서 도리어 자기를 이루시나니라" 하시고,

"有爲爲無爲 無相相固全 忘我眞我現 爲公反自成"이라 써 주시니라.

1. 유위위무위(有爲爲無爲)

1) 유위(有爲)

① 산스크리트로는 쌈스끄르따(saṃskṛta). 위는 곧 조작을 뜻하며, 조작을 유위라고 한다. 인연이 생겨서 생멸 변화하는 것을 모두 유위라고 하는 것이다. 능히 만물이 생하는 것은 유위가 있어서 가능한 것이며, 이 유위의 작용이 없이는 만물이 생 할 수 없으므로 유위법이라고 한다.

《대승의장(大乘義章)》 권2에서는 유위에 대해 "위는 집기조작(集起造作)한다는 뜻이며 법은 유위작이기 때문에 유위라 한다."라 했고, 《구사론광기(俱舍論光記)》 권5에서는 "인연의 조작을 위라 하고 색심법(色心法) 등이 인연을 따라 생하며 유는 저들의 위가 되므로

유위라 한다." 고 했다.

② 불교에서는 인연(因緣)에 따라 발생하고 형성되는 모든 현상을 말한다. 즉 원인과 조건과의 상의적 연결을 통하여 현실로 나타나는 여러 현상을 말한다. 유위는 현상이므로 원인과 조건 등의 변화에 따라 끊임없이 변화한다. 그런데 불교에서는 그것이 인간사회나 인간생활의 실제 모습[眞相]이라고 보고 있다. 이것을 '유위무상(有爲無常)' 또는 '유위전변(有爲轉變)' 이라고도 말한다.

2) 무위(無爲)

불교에서, 여러 가지 원인 · 인연에 의해 생성되는 것이 아닌 존재(asam skrta). 시간적인 생멸변화(生滅變化)를 초월하는 상주(常住) · 절대의 진실로, 열반(涅槃)의 이명(異名)으로도 사용된다. 무위는 생멸 변화가 없는 모든 법의 진실체를 설명하는 말로 위(爲)는 위작(僞作) · 조작(造作)이란 뜻이다. 인연에 의한 위작 · 조작을 떠나서 생주이멸의 변천이 없는 진리. 열반 · 진여 · 법성 · 실상과 같은 뜻이다.

중국 철학에서 주로 도가(道家)가 제창한 인간의 이상적(理想的)인 행위, 무위는 자연법칙에 따라 행위하고 인위적인 작위를 하지 않는다. 유가(儒家)는 목적 추구의 의식적 행위인 유위(有爲)를 제창했으나, 도가는 유위를 인간의 후천적인 위선(僞善) · 미망(迷妄)이라 하여 이를 부정하는 무위를 제창했다. 또 역설적으로 '무위에서야말로 완성이 있다' 고 주장했다. 그 뒤 도가만이 아니라 유가도 무위를 인간의 의식을 초월한 고차적인 자연행위, 완성적 행위라고 생각하게 되었으며, 중세 예술론의 근본개념이 되었다.

■ 해 의

'함이 있음은 함이 없음에서 되어 진다.' 는 의미이다. 다시 말하면 '현실로 나타나는 모든 것, 곧 물질은 조작(造作)이 없는 본래의 체성(體性)에서 만들어지는 것이다.' 고 할 수 있다. 가령 물체에는 그림자가 따르듯이 만물이 나타나는데 있어서는 저변(底邊)에 무언가가 있어서 작용을 해야 하는데 이 작용이 바로 무위의 작용이라고 할 수 있다.

그러므로 현상의 물질이란 산이나 강, 노루나 고래 등을 말하는 것이지만 빛이나 바람소리나 상념(想念)까지도 유위로 무위의 작용에 의해서 파생(派生)되어 지는 것이라고 할 수 있다.

또한 성자가 진리를 깨달음이 유위이고, 그 내놓은 법도 유위이며, 제도의 방편도 유위이고, 중생이 제도되는 것도 결국은 유위라고 할 수 있다.

또한 우주가 나타난 것도 유위이고, 하늘과 땅이 벌어진 것도 유위이며, 음양(陰陽)이 상도(相導)하는 것도 유위이고, 생멸거래(生滅

去來)하는 것도 유위라고 할 수 있다.

또한 우리의 한 생각이 일어나고 소멸하는 것도 유위이고, 마음속에 품은 포부도 유위이며, 행동으로 나타냄도 유위이다.

따라서 유위라는 것은 '자체(自體)의 성(性)'이 없기 때문에 자발자능(自發自能)의 작용을 할 수가 없고 저변의 중심에 있는 무엇인가가 돌려주어야 현상으로 나오게 되는 것이니 그 변화의 주체가 바로 무위라고 할 수 있다.

이를 비유하자면 원동기(原動機)가 돌아야 다른 기계들이 돌고, 원전(原電)의 전기라야 공장이나 집으로 뻗어가며, 원수(原水)라야 수도(水道)가 이루어지는 것과 같다고 할 수 있다.

이렇게 볼 때 우리의 한 마음 나오고 사라지는 것도 원성(原性)이 있기 때문이다. 이 원성이 바로 무위(無爲)라 할 수 있는 것으로 이 자리는 시비선악(是非善惡)이나 부처 중생이 돈절(頓絶)된 진공(眞空)의 자리로 유위의 묘유(妙有)를 나타내는 것이라고 할 수 있다.

결론지어 말하자면 일원(一圓)이 무위(無爲)라면 사은(四恩)은 유위인데 사실은 일원마저도 영자(影子)요 포말(泡沫)에 지나지 않는다.

송(頌)하기를

①

有爲爲者絶 유위위자절　유위라지만 하는 자 없는 것이니

無作不些殊 무작불사수　없음 지음과 조금도 다르지 않네
結局成同質 결국성동질　결국은 같은 바탕을 이룸이니
能捐意作區 능연염작구　능히 마음에 구분 지음 놓을지라.

②

夫爲爰僞做 부위원위주　무릇 하는 것은 이에 거짓으로 함이니
不作迺眞伶 부작내진령　짓지 않음이 이에 참으로 영리함이리
無有原來絶 무유원래절　있음과 없음은 원래 끊긴 것이라
非成意自寧 비성의자령　이루려 아니하면 마음이 저절로 편안하네.

2. 무상상고전(無相相固全)

1) 무상(無相)

① 상(相)은 양상(樣相)을 말한다. 유상(有相)의 반대어이다. 무상은 공(空)의 사상을 근본으로 한다. 모든 사물은 공이며 자성(自性)이 없다. 그러므로 무상이며, 무상이기 때문에 청정(淸淨)하게 된다. 또한 무상은 차별 · 대립의 모습(相)을 초월한 무차별의 상태를 말한다.

② 진리의 본체는 모든 상(相)을 떠났다는 말. 제한된 차별상이 없이 무한 절대한 것으로 진여(眞如) · 법성(法性) · 제법실상(諸法實

相) 등을 형용하는 것을 말한다.

③ 생멸 변천하는 형상이 없는 무위법(無爲法).

④ 아상 · 인상 · 중생상 · 수자상 등의 사상(四相)에 집착하지 않는 마음. 사상의 구속을 벗어나 자유로운 마음을 말한다. 《대승의장(大乘義章)》2에 무상에는 두 가지가 있다고 한다. 진리적인 면에서 볼 때 진리는 모든 상이 끊어졌기 때문에 무상이라 하고, 열반에서 보면 열반은 열 가지 상(色相, 聲相, 香相, 味相, 觸相, 生住壞相, 男相, 女相)을 여의었기 때문에 무상이라 한다고 하였다.

⑤ 상이란 마음에 있는 것이지 물에 있는 것이 아니다(相在心上 不在物上).

⑥ 육조대사(六祖大師)는 '무상이란 상에서 상을 여인 것이다.(無相者 於相而離相)' 고 하였다

2) 상(相)

① 모습, 형태, 모양, 특징, 특성, 성질. 산스크리트로는 락샤나(lakṣaṇa). 다른 것과 구분 짓게 하는 것, 차별을 드러내는 것을 말한다.

② 생각하는 것, 생각 · 관념. 산스크리트로는 삼즈나(saṃjñā). 아상(我相) · 법상(法相) 등의 상이 여기에 해당한다. 유식(唯識)과 선종에서는 의식의 대상에 대한 고정된 관념으로서 깨달음을 방해하

는 부정적인 것으로 간주한다.

③ 외계(外界)에 나타난 마음의 상상(想像)이 되는 사물의 모양. 곧 각 종류의 모양과 태도.

■ 해 의

'상이 없는 상이라야 진실로 완전하다.' 는 의미이다. 다시 말하면 '현실의 갖가지 모습이나 형태가 상 없음에 근원을 하고 나타난 것이기 때문에 현상(現相)이 바로 무결(無缺)의 완전이라고 할 수 있다.' 는 말이다. 즉 역설적(逆說的)으로 말을 하자면 현실로 나타난 삼라만상(森羅萬象)의 상(相)은 자체의 성(性)이 없는 것으로 실상(實相)이 그대로 나타난 모습이기 때문에 하나하나의 상 자체가 완전성(完全性)을 가져서 원만(圓滿)을 갖추었고 구족(具足)을 갖추었다고 할 수 있다.

'염화미소(拈花微笑)' 의 예를 들어보자. 부처님이 영산회상에서 꽃을 들어 대중에게 보였다. 그러나 대중은 바라볼 뿐 웃음도 없고 말도 없었다. 그렇지만 가섭(迦葉)은 웃었다. 이에 부처님은 대선언(大宣言)을 한다. "나에게 정법안장이 있으니 열반의 묘심이라 실상은 상이 없고, 미묘한 법의 문으로 문자를 세울 수 없으며, 가르침 밖에 따로 전하는 것이니 마하가섭에게 부촉하노라.(吾有正法眼藏 涅槃妙心 實相無相 微妙法門 不立文字 教外別傳 付囑摩訶迦葉)" 고 하였다. 이 법문에서 주목이 되는 것은 '실상이므로 상이 없다' 는 말이다. 우주만물 전체가 그대로 실상이기 때문에 다른 상을 세울 필요가 없다는 의미를 가진다.

또한 순리적(順理的)으로 해석을 한다면 '현실에 나타난 모든 것은 고정된 상이 없다.' 라고 할 수 있다. 즉 만물이 고정(固定)된 한 모습을 유지한다는 것은 절대 불가능하다. 나무 하나를 놓고 보더라도 그 나무는 시시각각, 찰나찰나로 변화를 하기 때문에 고정된 나무의 모습은 원래 없다. 그래서 현상의 모든 상은 비상(非相)이요 비비상(非非相)으로서의 완전한 것이며, 무상(無相)이요 무무상(無無相)으로서의 완전한 것이다.

송(頌)하기를

①

無相相念斷 무상상염단　무상이라는 상의 생각을 끊으면
菩薩本源融 보살본원융　보살의 본원과 융합되네
雖有分差別 수유분차별　비록 차별로 나뉨이 있을지라도
完全實在空 완전실재공　완전함이란 사실 공에 있어라.

②

人若鴻相見 인약홍상견　사람이 만일에 큰 상을 본다면
不殊萬象看 불수만상간　만상을 다르지 않게 본다네
本心修瀞亮 본심수정량　본래 마음을 닦아서 맑히고 밝히면

佛祖厥中完 불조궐중완　부처조사를 그 가운데서 완성하리라.

3. 망아진아현(忘我眞我現)

1) 망아(忘我)

①일체의 사량 분별을 다 잊어버리고 자기 자신마저 잊어버린 상태이다. 소태산대종사가 수행할 때에 강변입정상(江邊入定相)과 같은 경우라고 할 수 있다.

②어떤 사물이나 생각에 마음을 빼앗겨 자기 자신을 다 잊어버린 상태이다.

③자기에 대한 기억이나 다른 사람에 대한 기억마저 잊어버린 상태이다.

2) 진아(眞我)

① 참 나. 참 본성의 의미. 대아(大我)와도 같은 의미. 일원의 체성에 합한 참 나. 본래 성품을 회복한 자기 자신이다.

② 항상 마음속에 부처님을 모시고 거짓 없이 진실하게 살아가는 자기 자신이다.

③ 대아(大我)↔실아(實我) · 가아(假我). 열반에 갖추어 있는 4덕

(德)의 하나. 열반의 체가 변하지 않고 진실하며, 그 작용이 자유자재하므로 아(我)라 한다.

④ 참 나. 참 본성. 부모 미생 전. 곧 열반의 경지에 이른 진실한 자아(自我)를 뜻하나, 이 진아(眞我) 역시 본래무일물(本來無一物)로 그 실체와 실상이 있다고 볼 수 없는 것이다. 그래서 무아(無我)가 곧 진아(眞我)요. 진아(眞我)가 곧 무아(無我)라고 할 수 있다.

⑤ 무아(無我)의 아(我)란 몸과 마음을 상일(常一) 주재(主宰)하는 작용이 있는 영구불변하는 주체를 아(我)라고 하며, 무아(無我)는 일체의 존재는 다 무상한 것이므로 '나' 라는 존재를 부정하는 생각, 인무아(人無我) 법무아(法無我)의 둘로 나눈다.

가. 인무아(人無我)란 중생무아(衆生無我). 생공(生空). 인공(人空).아공(我空)과 같으며, 오온(五蘊)이 화합하여서 된 심신에 상일주재(常一主宰)의 실아(實我)가 없다고 하는 것을 말한다.

나. 법무아(法無我)란 만유제법(萬有諸法)은 모두 인연이 모여 생긴 일시적인 가짜 존재이므로 실다운 체성(體性)이 없는 것을 말한다.

⑥ 무아(無我)는 실체실상(實體實相)을 부정하는 불교의 근본사상으로 즉 푸른 하늘에 떠있는 구름 한 점과, 빗방울이 떨어져 생겨나는 물거품이 과연 실상실체가 있는 것인가 없는 것인가 하는 것이다. 이 세상 일체 삼라만상의 모든 존재도 구름 한 점과 물거품과 같아 모든 존재는 그 실상실체가 있다고 볼 수 없기 때문에 일체의 존

재를 무아(無我)라고 하는 것이다.

⑦ 만물에는 고정 불변하는 실체로서의 나〔實我〕가 없다는 뜻으로 범어(梵語)로는 아나트만(Anātman), 팔리어(Pali language)로는 아나딴(Anattan)이다. 무아(無我)는 석가모니가 깨달음을 얻은 뒤 최초로 설파한 가르침이다. 석가모니 이전의 인도사상에서는 상주(常住)하는 유일의 주재자로서 참된 나인 아트만(ātman)을 주장하였으나, 석가모니는 아트만이 결코 실체적인 나〔我)〕가 아니며, 그러한 나는 없다고 주장하였다.

⑧ 불교 선종(禪宗)에서 구도(求道) 수행자(修行者)들이 참 나(眞我)를 찾는 공부로 참선(參禪)을 하면서 간화선(看話禪)의 시심마(是甚麽) "이 뭐고" 화두(話頭)를 들고 이를 타파(打破)하면, 곧 깨달음을 성취함과 동시에 참 나를 찾게 된다는 것인데, 불교 선종의 종조(宗祖) 육조 혜능(慧能)은 8개월 동안 방아를 찧으면서 부모미생전(父母未生前)의 본래무일물(本來無一物)을 그러므로 진아(眞我)도 본래무일물(本來無一物)이요, 무아도 본래무일물이요, 무아가 곧 진아眞我)요 진아眞我)가 곧 무아(無我)라, 일체 삼라만상 제법이 본래 자성(自性)이 없다고 할 수 있다.

⑨ 불교의 무아설은 '나(我)' 가 있는가 없는가에 대한 이론이 아니라 실체가 없는 것을 실체로 보아서는 안 된다는 실천적 의미를 담고 있다. '나' 라고 하는 실체가 존재하는가 하지 않는가? 하는 형이상학적인 문제는 불교 수행자에게는 무의미한 것이다. 따라서 무

아는 제법무아(諸法無我)라는 이름 아래 설명되었고, 무아의 생명은 무아의 실천이나 무아행(無我行)이라고 하는 실천적인 면에서 살아 있다.

■ 해 의

"나를 잊으면 '참 나' 가 나타난다."는 뜻이다.

그렇다면 앞의 '나' 는 어떤 '나' 이고 뒤의 '나' 는 어떤 '나' 인가? 즉 '전아(前我)' 의 '나' 와 '후아(後我)' 의 '나' 는 어떤 '나' 인가를 알아야 한다. 이렇게 볼 때 '망아(忘我)'의 '전아' 란 삼독오욕(三毒五慾)에 찌든 '아' 요, 무명(無明業障)에 가린 '아' 이며, 번뇌망상(煩惱妄想)에 섞인 '아' 이요, 재색명리(財色名利)를 추구(追求)하는 '아' 이며, 유상무상(有相無相)에 전박(纏縛)된 '아' 이요, 삼계육도(三界六道)에 윤회(輪回)하는 '아' 이며, 생래사거(生來死去)를 벗어나지 못한 '아' 이요, 미혹중생(迷惑衆生)을 감수(甘受)하는 '아' 이며, 유상무상(有常無常)에 변역(變易)하는 '아' 이요, 미성혹리(迷性惑理)에 매(昧)한 '아' 이며, 불생불멸(不生不滅)의 도(道)와 인과보응(因果報應)의 이치를 불통(不通)한 '아' 이요, 열반적정(涅槃寂靜)에 불입(不入)한 '아' 라고 할 수 있다.

반면에 '진아(眞我)' 의 '후아' 란 삼독오욕이 청정(淸淨)한 '아' 이요, 지혜광명(智慧光明)이 현저(顯著)한 '아' 이며, 정징심체(瀞澄心

體)가 본유(本有)한 '아' 이요, 아인중수(我人衆壽)의 사상(四相)이 돈공(頓空)한 '아' 이며, 열반해탈(涅槃解脫)을 성취(成就)한 '아' 이요, 삼계삼세(三界三世)에 자재(自在)를 얻은 '아' 이며, 우주대아(宇宙大我)에 합일한 '아' 이요, 성리진체(性理眞體)를 각증(覺證)한 '아' 이며, 불생불멸(不生不滅)의 도(道)와 인과보응(因果報應)의 이치에 통달한 '아' 라고 할 수 있다.

이렇게 망아(忘我)가 되면 진아(眞我)가 자현(自現)하지만 망아를 이루지 못하면 진아는 나타나지 않는다고 보아야 한다. 따라서 아(我)의 본래 자리는 하나이요 동등한 것이지만 출입(出入)하는 갈래를 따라 천만 가지로 다를 수가 있다. 마치 산간(山澗)에서 솟은 청징(淸澄)한 물 한 방울이 흐르면서 붉은 것을 만나면 붉어지고(遇紅自紫), 검은 것을 만나면 검어지며(遇黑自黔), 티끌을 만나면 더러워지고(遇塵自汚), 소금을 만나면 짜진다(遇鹽自鹹). 그렇지만 그 수성(水性)에 있어서는 붉든 검든 더럽든 짜든 상관이 없이 불변불역(不變不易)하는 오직 '하나의 성일뿐' 이다.

이와 같이 볼 때 우리의 '망아' 나 '진아' 의 '아' 라는 것도 오직 '하나의 성일뿐' 이지 다른 것은 없다.

송(頌)하기를

①

聳泉淸一滴 용천청일적　샘에서 솟은 맑은 한 방울 물이

隨沔黑汚紅 수면흑오홍　흐름 따라 검고 더럽고 붉어지네
後我兼前我 후아겸전아　뒤의 나와 아울러 앞의 나이지만
水余體性同 수여체성동　물과 나의 진체인 성품은 같아라.

②

夫森羅萬象 부삼라만상　무릇 온갖 사물의 현상이란
各列似枝延 각열사지연　각각 벌려져 가지처럼 뻗혔어도
相繼非分物 상계비분물　서로 이어져 나뉜 물이 아니니
凝團大我連 응단대아련　엉긴 덩어리 큰 나로 이어졌어라.

4. 위공반자성(爲公反自成)

"공을 위하는 것은 도리어 자기를 이룸이 된다."는 뜻이다. 즉 사(私)보다는 공(公)이 크고 우선이며 대중적이기 때문에 사기종공(捨己從公)을 하고 기사위공(棄私爲公)을 하면 사적(私的)인 것들은 저절로 이루어지게 된다는 의미이다. 그러므로 소소한 개사(個事)보다는 공사(公事)에 중점을 둔다면 개인적인 일은 자연 이루어지지만 반대로 공공의 일보다는 개인적인 일에 중점을 둘 때는 개인적인 일도 난성(難成)하고 공사도 실패를 부르게 된다.

1) 공(公)

사(私)와 상대되는 말로 개인적인 것이 아닌 전체를 의미하는 말이다. 바꾸어 말하자면 공(公)의 의미는 공변되다는 뜻으로 곧 어디에도 기울거나 굽히지 않고 전체를 포함하는 것을 말한다. 원근(遠近)이나 친소(親疎)나 청탁(淸濁)이나 좌우(左右)나 선악(善惡)이나 이해(利害) 등 분별심(分別心)이나 차별상(差別相)으로 어느 한편에 기울면 공변된다고 할 수 없다. 사사로운 이해관계나 진리를 깨치지 못한 사적인 견해를 떠나 모든 청탁과 좌우와 시비와 선악을 포용하고 넘어서서 모든 인류 또는 일체생령을 포함하는 것이 바로 진정한 공이다. 따라서 진정한 공이 되기 위해서는 분별과 차별을 초월해야 함으로 텅 빈 진리의 체성 곧 공(空)의 이치를 깨달아야 한다. 모두를 포함하는 공(公)과 일체 차별상을 떠난 공(空)은 동전의 양면과 같다. 공(公) 바로 공(空)이라고 하는 것으로 모든 차별상과 분별심을 떠난 진리의 체성자리를 의미하고 일원상의 진리와 사은(四恩)의 윤리를 가르치는 것도 공(公)의 의미를 깨닫게 하기 위함이라고 할 수 있다. 모든 존재가 원래 고정 불변의 실체로 존재하는 것이 아니고 인연을 따라 네 가지 은혜로 구성된 것으로 오직 전체와 더불어 존재할 뿐이지 사사로이 나(我)라고 하는 객체성(客體性)이 없다.

한자에서도 공(公)이란 공은 회의(會意)의 글자이다. 위에 '팔(八)' 은 상배(相背)의 의미이고 아래 '사(厶)' 는 '사(私)' 의 본자(本

字)로 '사로 더불어 서로 등진다(與私相背)' 는 뜻이다.

《설문(說文)》에 '공 평분야(公 平分也)' 곧 '평균적으로 분배하는 것이 공이다.' 고 하였고,

《춘추 · 원명포(春秋 · 元命苞)》에 '공지위언 공정무사야(公之爲言 公正無私也)' 곧 '공으로 말하자면 공정하여 사가 없음이다.' 고 하였으며,

《한비자 · 오두(韓非子 · 五蠹)》에 '배사위지공 혹설 분기사이여인위공(背私謂之公 或說 分其私以與人爲公)' 곧 '사를 등짐을 일러서 공이라 한다. 혹 말하기를 그 사를 나누어서 사람에게 주는 것이 공이 된다.' 고 하였고,

《가자 · 도술(賈子 · 道術)》에 '겸복무사 위지공(兼覆無私 爲之公)' 곧 '두루 보호하여 사가 없음을 일러서 공이라 한다.' 고 하였으며

《묵자 · 상현상(墨子 · 尙賢上)》에 '거공의 피사원(擧公義 辟私怨)' 곧 '공공의 옳음을 들며 사사의 원망이 피해진다.' 고 하였다.

2) 자성(自成)

'스스로 이룬다.' 또는 '저절로 이루어진다.' 는 의미이다. 이는 사적인 일을 위주로 행했을 때는 이루어지기가 어렵지만 공(公)에 중점을 둔 일이라면 저절로 이루어지게 된다는 의미이다.

《중용(中庸)》25장에 '성자 자성야(誠者 自成也)' 곧 '성이란 스스로 이루어지는 것이다.' 고 하였다. 흔히 하는 말에 '도리불언 하자성혜(桃李不言 下自成蹊)' 곧 '복숭아와 오얏은 말을 아니 하지만 아래에는 저절로 길을 이룬다.' 고 하였다. 꽃이란 시절이 이르면 저절로 필뿐이지만 사람들이 꽃을 보기 위해 내왕을 하다보면 저절로 길이 이루어지게 된다는 뜻이다.

이렇게 볼 때 자성(自成)이라는 말이 하려고 해서 되는 것이 아니요 억지로 해서 되는 것도 아닌 자연스럽게 물이 흐르듯이 저절로 이뤄지는 것이라고 할 수 있다.

■ 해 의

대종사께서 요훈품33장에 "중생은 영리하게 제 일만 하는 것 같으나 결국 자신이 해를 보고, 불보살은 어리석게 남의 일만 해주는 것 같으나 결국 자기의 이익이 되나니라." 고 하였다.

사람이 세상을 살아가면서 가장 중요한 것이 있다면 아마 자아(自我)를 완성하는 것 외에 특별한 것은 없다. 자기가 완성이 되어야 여타도 완성이 된다. 그렇지 않으면 자신과 아울러 가정이나 집단, 사회, 국가를 망치는 불량배(不良輩)가 되거나 광인(狂人)이 되기가 쉽다.

그러면 어떻게 해야 할 것인가? 공익(公益)을 위하고 공사(公事)

를 하며 공을 베풀고 공을 우선으로 해야 한다. 즉 사익(私益)이나 사사(私事)나 사행(私行)을 일삼아서는 안 된다. 세상에 저 혼자되는 것은 하나도 없다. 나무 하나 풀 한포기도 주위의 도움이 없이는 자라나기 어려운 것인데 하물며 사람이 저 혼자되어지는 것이 있겠는가?

그러므로 오직 공을 위하는 데서 자기도 성장하고 완성할 수 있는 것이니 공을 여의지 않는 삶이 되어야 한다.

송(頌)하기를

①

夫欲鴻成者 부욕홍성자　무릇 크게 이루고자 하는 사람은
爲公勿怠行 위공물태행　공을 위하여 게으름을 행하지 말고
盡心勤努力 진심근노력　마음을 다해 부지런히 노력하면
終遂計丕情 종수계비정　마침내 계획한 큰 뜻이 성취되리라.

②

草萌難獨養 초맹난독양　풀싹은 홀로 길러지기가 어렵고
一滴未成溪 일적미성계　한 방울 물로 시내 이루지 못 하리
人若非公事 인약비공사　사람이 만일 공적인 일을 아니하면
艱居此世躋 간거차세제　이 세상에 올려져 살기 어려우리라.

Ⅵ. 법계에 노닐자

대지와 허공이 마음에서 나타난 바이요. 시방의 모든 부처가 손 가운데 구슬이어라. 있는 그대로가 모두 걸림이 없으니. 법계의 털끝에서 자유자재로 노니누나

(大地虛空心所現　十方諸佛手中珠　頭頭物物皆無礙 法界毛端自在遊)

이 법문은《대산종사법어(大山宗師法語)》적공편(積功編) 68장에 실려 있다.

대산 종사, 교단 창립 2대 말 총회를 마치고 '대적공실(大積功室)' 법문을 내리시니

"대지허공심소현 시방제불수중주 두두물물개무애 법계모단자재유(大地虛空心所現 十方諸佛手中珠 頭頭物物皆無礙 法界毛端自在遊)"

1. 대지허공심소현(大地虛空心所現)

1) 대지(大地)

① 대자연의 넓고 큰 땅.

② 대지라는 말은 육지에 대한 경칭(敬稱)이다.

2) 허공(虛空)

보이지 않는 진리를 텅 빈 허공(虛空)에 비유한 말. 진리는 허공과 같아서 텅 비어 있으되 모든 법과 조화를 다 포함하고 있다. 소태산 대종사는 "천지만물 허공법계가 다 부처 아님이 없다."(《대종경》 교의품4)고 했는데, 이때의 허공법계는 보이지 않는 진리계를 말한다고 할 수 있다. 또한 다른 것을 막지 아니하고 다른 것에 의하여 막히

지도 아니하며 사물과 마음의 모든 법을 받아드리는 공간이다. 또는 아무것도 없는 세계. 모양도 빛도, 아무런 사량(思量)도 없는 무위(無爲) 무루(無漏)의 세계이다.

3) 심(心)

사람의 마음, 좁은 의미의 마음은 육신에 상대되는 지각능력을 중심으로 인식되기도 한다. 마음은 사람의 내면에서 지각하고 사유하고 추론하고 판단하는 성(性) · 정(情) · 의(意) · 지(志)를 포함하는 주체로 몸을 주재한다. 이와는 달리 넓은 의미로서 우주와 마음을 일치시키는 유심론적(唯心論的) 세계관의 마음 개념이 있다. 우주의 본체를 정신적인 것으로 파악하고 물질적 현상도 마음의 발현으로 보는 이론이다.

(1) 불교에서 말하는 마음의 의미

불교의 심론(心論)은 마음의 본체에 대한 설명과 그 본체를 가리는 심식(心識)과 연기가 일어나는 까닭을 밝히고 그것을 씻고 본체에 이르는 방법인 수심론(修心論)으로 구성되어 있다. 이에 번뇌의 근원이면서 결과인 '식' 을 정화시켜 일심의 근원으로 되돌아가려는 수행을 중요시하고 있다. 초기불교에서는 팔정도(八正道)를 중심한 실천적 수행을 강조한 반면 대승불교로 접어들면서 점차 그 경향이 변화되었다. 모든 존재의 생성변화의 근원이 마음에 있다는 관점이 그것이다. 특히 유식사상에서는 삼계가 모두 마음의 소산이며 만법이 오직 식의 나타남이다(三界唯心 萬法唯識)라는 사상이 제기된 바 있다. 여기서의 심은 중생의 내면적 의식 활동뿐 아니라 외부에 펼쳐진 객관세계 전체의 뿌리라는 관점을 포함하고 있다. 이러한 의미를 오직 주관적 심식작용만 있을 뿐 객관적 대상은 없다(唯識無境)라고 말하기도 한다. 이렇게 본다면 유식사상에서의 궁극적 식은 인간의 내면적 의식에만 국한되는 개념이 아니며 우주자연의 근원이라는 의미까지 확대된 것이다. 자연현상도 심식에 의한 업의 소산으로 보기에 이른 것이다. 이러한 유심적 경향이 화엄사상(華嚴思想)에 이르러 일체유심조라는 개념으로 표현된 것이다. 화엄사상의 경우 모든 존재의 근원을 진여본성(眞如本性)에서 나타난 것으로 보아 인연에 의한 연기설을 성기설(性起說)로 발전시켰다. 모든 것을 함장한 진여본성(眞如本性)이라는 근원적 존재는 나타난 모든 존재에 그대로 상즉(相卽)해 있다는 관점이 그것이다. 이러한 관점은 천태(天台)의 일념삼천설(一念三千說)에서도 비슷한 형태로 나타난다. 이 경우의 마음은 이미 주관적 심식작용의 범위에 그치는 것이 아니며 주객을 통합한 보다 근원적 의미를 지닌다.

(2) 유가에서 말하는 마음의 의미

유가에서 심(心)은 맹자(孟子) 이후 철학에서 가장 중요한 개념으로 끊임없이 그 의미를 확대했다. 맹자는 "학문의 도란 놓은 마음을 구하는 것일 뿐이다(學問之道無他 求其放心而已矣)" 라고 말하고 심의 대표적 기능은 사유의 기능을 갖는 것이라고 한다. "마음이라는 기관은 생각할 수 있으며, 생각하면 도(道)를 얻을 수 있고 생각하지 않으면 얻을 수 없다."(《맹자》 고자상) 심은 생각할 수 있는 기관으로써 이를 통해 도를 인식할 수 있다. 《맹자》 진심상(盡心上)에서는 "그 마음을 다하는 사람은 그 본성을 아는 것이요 그 본성을 알면 하늘을 아는 것이다(盡其心者 知其性也 知其性 則知天矣)" 라고 말한다. 마음을 보존하고 본성을 아는 것은 하늘을 섬기는 길이라는 의미이다. 송대(宋代)의 성리학에 이르러 불교 심론(心論)의 영향을 받아 심에 대한 논의가 활발히 전개되었다. 정이천(程伊川)은 "마음은 하나이지만 본체로 말하면 '고요하여 움직임이 없는 것(寂然不動)' 이며 작용으로 말하면 '대상에 감응하여 통한다(感而遂通)' 는 것이 바로 이것이다" 라고 했다.

주자(朱子)는 《주자어류(朱子語類)》에서 마음의 본래 상태는 형체를 갖지 않으면(虛)서도 영(靈)하여 조금도 깨닫지 못함이 없다고 했다. 만물의 생성 변화를 이와 기로 해명하는 주자는 마음을 '기(氣)의 정상(精爽)' 이라고 설명했다. 그에 따르면 마음은 거칠거나 탁하지 않은 맑은 기에 바탕하여 이미 영명(靈明)한 능력의 주체이므로 능히 깨닫는 작용을 하게 되며 이 작용에 의해 깨달은 내용은 이(理)이다. 심은 성과 정을 통어한다.

심은 정신활동의 전반을 말한다면 그 가운데 이만을 가리켜 성이라 하고 심이 감하여 응하는 것을 정이라 하며 정의 내용을 헤아리는 것이 의(意)이고 마음이 정하여 한 방향으로 향하여 가는 것이 지(志)이다. 심은 이러한 마음을 총체적으로 표현하는 것으로 인간의 모든 정신 활동을 말한다. 마음의 작용을 보면 본연의 성이 그대로 표현되기도 하고 기의 작용에 영향을 받아 표현되기도 한다. 이를 도심(道心)과 인심(人心)이라고 한다.

(3) 원불교에서 말하는 마음의 의미

원불교사상에서는 불교적 전통을 계승하여 '마음이 곧 부처' 라고 말한다. 마음의 본질을 깨닫고 마음의 자유를 얻은 경지가 부처라는 의미이다. 원불교사상에서도 마음은 매우 포괄적인 의미를 함축하고 있다. 마음은 성품, 정신, 뜻을 총체적으로 표현하기도 하고, 분별심에 국한하여 말하기도 한다. (《정산종사법어》 원리편12) 마음의 동정에 따라 모든 분별이 나타나고 이는 세상과 우주 자연에까지 확대된다.

"한 마음이 선하면 모든 선이 이에 따라 나타나고 한 마음이 악하면 모든 악이 이에 따라 일어나나니 그러므로 마음은 모든 선악의 근본이 된다." (《대종경》 요훈품3) 사람의 성품은 선악을 초월하나 마음의 발함에 따라 선악이 드러난다. "우리의 성품은 본래 청정한 것이나 마음의 동정으로 인하여 무명이 발생하게 되나니, 마음이 정하면 청정하여 명랑하고 마음이 동하면 요란하여 무명이 발생하나니라. 그러나 마음이 동하되 정한 가운데 동하면 동하여도 부동이라 그대로 밝고, 동하는 가운데 요란하게 동하면 무명이 생하여 어둡나니라." (《정산종사법어》 원리편16) 마음은 현상으로 드러날 때 매우 역동적으로 활동하므로 살피고 조절하여 마음의 역량이 바르게 발현되도록 해야 한다.

이런 의미에서 마음수행은 마음공부, 용심법 등으로 부르며 과학과 구별되는 독자적 영역으로 중시한다. 소태산대종사는 모든 자연적 · 사회적 현상과 이치, 모든 대상에 주체적으로 대응하여 한 마음 밝히는 공부를(通萬法明一心) 해나갈 것을 강조했다. 이를 통해 궁극적으로는 우주와 한 기운으로 이어지는 삶으로 자아를 확충해 나가자는 것이다.

우리가 이 대목에서 두 가지를 생각해 볼 수 있는데 그 중점을 "마음(心)"에 두어야 한다. 그 하나는 '천지는 삼라만상을 쌌고 우주는 천지를 쌌으며 일원은 우주를 쌌고 이 마음은 일원을 쌌다.(天地-包於森羅萬象 宇宙-包於天地 一圓-包於宇宙 斯心-包於一圓)' 고 할 수 있고, 또 하나는 '천지는 삼라만상을 낳고 우주는 천지를 낳으며 일원은 우주를 낳고 이 마음은 일원을 낳았다(天地-生於森羅萬象 宇宙-生於天地 一圓-生於宇宙 斯心-生於一圓)' 고 할 수 있다. 그러므로 마음보다 더 크거나 넓거나 높거나 조화(造化)를 부리는 것은 어디에도 있을 수 없다.

■ 해 의

달마대사(達磨大師)는 《혈맥론(血脈論)》에서 '심심심난가심 관시편법계 착야불용침(心心心難可尋 寬時徧法界 窄也不容鍼)' 이라 하였다. 즉 '마음 마음 마음이여 가히 찾기 어렵도다. 너그러울 때는 법계를 두루 하지만 좁아질 땐 침하나 용납하지 못하는구나.' 하였다.

마음이라는 것이 우주 허공법계를 들였다 냈다할 수 있는 넓이가 있고 능력이 있으며 조화(造化)가 있는 것이니 이런 마음을 우리가 가졌다는 것을 천만 다행으로 여겨서 어그러지는 바가 없이 용심(用心)을 해야 한다.

송(頌)하기를

①

碧海雖弘廣 벽해수홍광　푸른 바다가 비록 크고 넓을지라도
不過一滴痕 불과일적흔　한 방울물의 흔적에 지나지 않듯
虛空兼大地 허공겸대지　허공과 아울러 땅덩어리 크다 해도
無匪出心源 무비출심원　마음 근원에서 나오지 않음 없어라.

②

本心元眞佛 본심원진불　본래 마음이 원래 참 부처요
原性實相圓 원성실상원　원래 성품이 실상의 일원이라

天地雖弘大 천지수홍대　천지가 비록 넓고 클지라도

掌中不異塵 장중불이진　손바닥 가운데 티끌과 다르지 않으리.

2. 시방제불수중주(十方諸佛手中珠)

1) 시방(十方)

불교에서 우주에 대한 공간적인 구분. 동 · 서 · 남 · 북의 사방(四方)과 동북 · 동남 · 서남 · 서북의 사유(四維)와, 상 · 하의 열 가지 방향. 시간 구분인 삼세와 통칭하여 전 우주를 가리킨다.

2) 제불(諸佛=三世諸佛=諸佛諸聖)

같은 의미를 지닌 것으로 보아야 한다. 즉 과거 · 현재 · 미래의 삼세에 걸쳐 존재하는 일체의 부처. 과거세의 부처는 이미 성불한 부처를 말하며, 현재세의 부처는 현재 성불해가고 있는 부처, 미래세의 부처는 장차 성불하게 될 부처를 말한다. 소승에서는 1불(佛) 1불(佛)이 일정한 간격을 두고 나타나는 제불(諸佛)을 가리키는데, 대승에서는 공간적으로 시방(十方)의 모든 부처가, 시간적으로 삼세에 걸쳐서 나타난다고 하여 시방횡화(十方橫化) · 삼세수화(三世竪化)라 한다.

또한 시방 삼세를 통해 존재해 온 모든 불보살 및 세계의 모든 성현에 대한 총칭, 소태산대종사는 일원상의 진리를 깨달은 후 "우리는 우주 만유의 본원이요, 제불제성의 심인(心印)인 법신불 일원상을 신앙의 대상과 수행의 표본으로 모시고"라고 했다. 원불교에서는 모든 부처님과 성인이 깨달은 진리는 하나로 통한다는 의미에서 '제불제성의 심인' 이라는 표현을 쓰고 있다. 그러므로 '제불제성'은 일원상의 진리를 깨달은 모든 부처님과 성인들을 통칭하는 것이라고 말할 수 있다.

불(佛)은 곧 불타(佛陀: 梵文 : बुद्ध् ; 산스크리트 ; Buddho; 巴利文 : Buddho) 이다. 이는 깨달은 사람(覺者)으로 복혜(福慧)가 양족(兩足)한 부처로 복덕(福德)과 지혜(智慧)를 원만하게 수행한 분이라고 할 수 있다.

3) 수중(手中)

①손의 안

②자기가 소유할 수 있거나 권력을 행사할 수 있는 범위.

4) 주(珠)

①구슬

②진주(珍珠)

③ 방울

■ 해 의

의상조사(義湘祖師)의 법성게(法性偈)에 '일미진중함시방 일체진중역여시(一微塵中含十方 一切塵中亦如是)' 라 하였다. 즉 '한 작은 티끌 가운데에 시방을 머금었고 낱낱의 티끌 속도 또한 이와 같다네' 라 하였다.

하나의 작은 티끌 속에 시방세계가 다 들어있는 것처럼 시방삼세의 모든 부처와 성인이 손바닥 가운데 한 구슬처럼 드러나 있다. 결국 자신이 진리를 깨닫고 성품을 회복하게 되면 자기 부처를 통해 남의 부처를 바라보기 때문에 모두가 부처로 보인다. 마치 파란 안경을 쓰고 보면 온 세상이 파랗게 보여 지는 것과 다름이 없다.

그러므로 무학대사(無學大師)와 이성계(李成桂)의 대화처럼 돼지 눈에는 돼지만 보이고 부처 눈에는 부처만 보이는 것이니 과연 우리의 손바닥 위에 놓인 구슬이 유리구슬인가 아니면 시방세계나 제불제성이나 죄고복락을 비춰볼 수 있는 여의보주(如意寶珠)인가를 가늠해야 한다.

송(頌)하기를

①

我有珍珠顆 아유진주과　나에게 진주 낱알이 있어서

一擡宇宙光 일대우주광　한번 들었더니 우주의 빛이네

無形無體性 무형무체성　형상도 없고 체성도 없는 것이나

造化不非張 조화불비장　조화를 베풀지 아니함이 없어라.

②

飛龍天裏在 비룡천리재　나는 용이 하늘 속에 있을지라도

若未得如珠 약미득여주　만일에 여의주를 얻지 못하면

造化爰難顯 조화원난현　조화를 이에 드러내기 어렵나니

是非佛祖殊 시비불조수　이는 부처조사도 다르지 않으리.

3. 두두물물개무애(頭頭物物皆無礙)

1) 두두물물(頭頭物物)

"있는 그대로의 것" 또는 "모든 종류의 여러 가지. 가지가지" 또는 "모든 종류의 여러 가지. 가지가지" 또는 "모든 종류의 여러 가지. 가지가지" 또는 '형형색색(形形色色)' 등 여러 가지 의미가 있다. 나아가 두두물물이 진법신(眞法身)이고 진체(眞體)이며 이원(理源)이라

는 의미이다.

2) 무애(無礙)

무엇에도 방해받지 않고 자유로움. 모든 장애(障礙)에 거리낌이 없음. 산스크리트어로 '아프라티하타(apratihata)'의 한역어(漢譯語)로서 무장애(無障礙)·무괘애(無罣礙)·무소괘애(無所罣礙)라고도 한다. 《대품반야경(大品般若經)》 권16에서는 "이 법은 무애이어서 색(色)에도 걸림이 없고 수·상·행·식(受想行識)에도 걸림이 없으며 모든 종류의 지(智)에도 걸림이 없어서 이러한 법을 무애의 상(相)이라 이름 했는데, 허공 등과 같이 되기 때문이다."라 하였고, 《대지도론(大智度論)》 권72에서는 이것을 해석하여 "반야바라밀의 상(相)은 모든 법의 뜻에 따르기에 장애하는 바가 없어서 반야바라밀에조차도 집착하지 않아 장애의 인연 없음이 허공 등과 같다."라 했으며, 《주화엄법계관문(注華嚴法界觀門)》에서는 "마음은 만유를 융화하여 문득 4종의 법계를 이루나니 하나는 사법계이니 계란 이에 나눈다는 뜻으로 하나하나를 차별하여 분제함이 있기 때문이다. 둘은 이법계이니 계란 이에 성의 뜻으로 무진한 사법은 동일한 성이기 때문이다. 셋은 이사무애법계이니 법계는 성과 분을 갖추었다는 뜻이지만 성과 분은 걸림이 없기 때문이다. 넷은 사사무애법계이니 일체의 분제한 사법이 하나하나가 같은 본성으로 융통하여 중중무진하기 때문이다(心融萬有 便成四種法界 一事法界 界是分義 一一差別 有分齊故 二理法界 界是性義 無盡事法 同一性故 三理事無礙 法界具性分義 性分無礙故 四事事無礙法界 一切分齊事法 一一如性融通 重重無盡故)"라 하였다.

■ 해 의

《화엄경》에 인다라망(因陀羅網)이라는 말이 나온다. 인다라(因陀羅)는 산스크리트어 indra의 음사로, 제석(帝釋)을 말한다. 제석이 살고 있는 궁전을 덮고 있는 거대한 그물로, 그 마디마디에 달려 있는 무수한 보배 구슬이 빛의 반사로 서로가 서로를 반사하고, 그 반사가 또 서로를 반사하여 무궁무진하여 걸림 없고 또한 서로가 서로에게 끝없이 작용하면서 어우러져 있는 장엄한 세계를 비유함이다.

따라서 그 그물의 매듭에 있는 구슬 하나가 빠지면 도리천의 하늘이 무너지게 된다. 그래서 하나가 전체에 의지하고 전체도 하나에 의지한다는 말로 사사물물이 서로서로 걸림이 없다는 의미이다.

송(頌)하기를

①

山非賢聖隱 산비현성은　산에 어진 성인 숨지 아니하고
水匪祖師居 수비조사거　물속에 조사 살지 아니 하네

處處爰眞佛 처처무비불　곳곳마다 이에 참된 부처이니
如如少不疏 여여소불소　여여하여 조금도 성기지 않았어라.

②

飛鳥天非縛 비조천비박　나는 새 하늘은 묶어두지 아니하고
游魚水不縈 유어수불영　헤엄치는 고기 물은 얽어매지 않네
通融頭物物 통융두물물　두두물물이 상통하고 융화하여
無礙永生生 무애영생생　걸림이 없이 긴긴 생애 살으리라.

4. 법계모단자재유(法界毛端自在遊)

1) 법계(法界)

산스크리트어로 '다르마다뚜(dharma-dhātu)'를 번역한 용어이다. 이는 곧

① 현상세계의 근본이 되는 형상이 없는 진리의 세계. 본체계 또는 허공법계라고도 한다. 나무의 가지와 잎을 현상계라고 한다면 뿌리를 본체계라고 할 수 있다. 형상 있는 현상세계는 형상 없는 법계에 근원하여 존재하게 된다.

② 일체의 존재를 육근(六根)·육경(六境)·육식(六識)으로 나누었을 때, 의식의 대상이 되는 것 모두를 법계라 한다. 따라서 일체 법을 의미한다. 이 경우에는 현상세계로서의 법계와, 진리세계로서의

진여 · 법성(法性)의 두 가지 의미가 있다. 법은 본래 인간의 행위를 보존한다는 뜻을 지닌 말이나 불교에서는 모든 사물의 근원을 뜻한다. 특히 대승불교에서는 종교적인 본원을 의미하며, 여기에 경계라는 의미의 '계' 를 붙여 진리의 세계를 상징한다. 그래서 법계는 진여(眞如)와 동의어로 쓰이기도 한다. 진리 자체로서의 부처, 곧 법신불을 뜻하기도 하며, 화엄교학(華嚴教學)에서는 있는 그대로의 현실세계를 뜻하기도 한다.

③ 부파불교에서 법계는 의식의 대상이 되는 모든 사물을 가리킨다. 반면, 일반적으로 대승불교에서는 법(法)을 모든 존재 또는 현상으로 해석하여 모든 존재를 포함한 세계, 온갖 현상의 집합으로서의 우주를 뜻하며, 또한 모든 현상의 본질적인 양상, 즉 진여(眞如)까지도 뜻한다. 대승불교 가운데에서도 특히 화엄종에서는 법계를 연기의 세계라 하여 법계연기에 대해 설하며, 밀교(密教)에서는 법계를 영원의 이법(理法)과 동일시하고 있다.

④ '법(法)' 과 '계(界)' 로 조성(組成)된 복합글자이다. 각 교파마다 다른 해석을 하는데 《잡아함경(雜阿含經)》에서는 연기(緣起)와 연생(緣生)의 의미로 법의 진실한 모양이라 말하고 있다. 또한 대승불교에서는 법계가 바로 '진여(眞如)' 요 '법성(法性)' 이며 '실상(實相)' 이라고 말하고 있다. 《화엄경(華嚴經)》에서는 한 걸음 더 나아가 이론을 세워 전개하였는데 바로 사법계(四法界)로 사법계(事法界), 이법계(理法界), 이사무애법계(理事無礙法界), 사사무애법계(事事

無礙法界)이다.

2) 모단(毛端)

극소를 일컫는다(極少之稱). 아주 작은 것을 일컫는 말이다. 사람의 본래마음을 펴 놓으면 우주에 가득차고, 거둬들이면 겨자씨보다도 더 작아진다. 이 때 겨자씨 보다 더 작아진 본래마음을 일모단(一毛端)이라 한다. 그러나 이때의 일모단에는 시방 삼세가 다 포함된다. 법성게(法性偈)에서 말하는 "일미진중함시방(一微塵中含十方)"의 의미이다. 한 티끌에 시방세계가 함장(含藏)되어 있다. 《능엄경(楞嚴經)》2에 '움직이지 않는 도량은 하나의 터럭 끝에 두루 능히 십만의 국토를 함수함이다.(不動道場 於一毛端 遍能含受十萬國土)'고 하였다.

3) 자재(自在)

자유자재의 준말이다. 일상의 삶 그대로가 부처님의 도리에 합일하는 것으로 나아가고 물러감에 아무런 장애가 없고, 번뇌의 속박에서 벗어나 걸리고 막힘이 없이 통달 자재하는 것을 말한다. 자재란(梵文 : ईशव्र)이다. 음역하여 이습벌라(伊濕伐羅)라 한다. 그 뜻은 곧 무애(無礙), 종임(縱任)으로 자유자재(自由自在)이다. 즉 마음이 하고자하는 대로 어떤 일을 하거나 어떤 행동을 하더라도 막히거나 걸림이 없는 부처와 상위 보살만이 갖춘 공덕(功德)을 말한다. 공자님의 "종심소욕불유구(從心所慾不踰矩)"로 '하고 싶은 대로 해도 법도를 어긋나지 않은 경지'를 말한다. 또한 정전(正典)의 법위(法位等級) 여래(如來位) 조항에 '동(動)하여도 분별에 착(着)이 없고 정(靜)하여도 분별이 절도에 맞는 위라' 하였다.

4) 유(遊)

놀다. 즐기다. 떠돌다. 유람하다는 등의 뜻으로 걸리고 막힘이 없이 자유롭게 논다는 의미이다.

■ 해 의

사람이 세상을 살면서 걸림이 없는 것같이 좋은 삶은 없다. 그런데 이보다 더 좋은 삶은 아마 자유자재(自由自在)의 삶이라고 할 수 있다. 그렇다면 무엇에 걸림이 없이 자유자재하고 놀며 살아야 하는가?

첫째, 행주좌와(行住坐臥)에 자재를 얻어야 한다. 즉 '행은 바람과 같고 앉음은 종과 같으며 누움은 활과 같고 섬은 소나무와 같아야 한다(行如風 坐如鐘 臥如弓 立如松).' 그리하여 좋은 습관을 함양하여 자유자재해야 한다.

둘째, 삼업(三業)의 자재를 얻어야 한다. 즉 '몸과 입과 뜻(마음)의 삼업이 청정해야 한다(身口意 三業淸淨).' 그러면 저절로 자유자재하게 된다.

셋째, 독욕(毒慾) 곧 삼독(三毒)과 오욕(五慾)의 자재를 얻어야 한다. 즉 '탐욕과 성냄과 어리석음(貪瞋癡)' 이 해소되어야 한다. 또한 오욕이란 '눈 · 귀 · 코 · 혀 · 몸의 다섯 가지 감각기관인 오근(五根)이 각각 색(色) · 성(聲) · 향(香) · 미(味) · 촉(觸)의 다섯 가지 감각대상인 오경(五境)에 집착하여 야기되는 5종의 욕망이며 아울러 오경을 향락하는 것을 말한다. 대체로 세속적인 인간의 욕망 전반을 뜻한다. 또한 재욕(財慾) · 색욕(色慾) · 식욕(食慾) · 명예욕(名譽慾) · 수면욕(睡眠慾)의 다섯 가지이다.' 이를 여의면 죄업이 쌓이지 않아 자유자재하게 된다.

넷째, 사고(四苦)와 아울러 팔고(八苦)의 자재를 얻어야 한다. 사고란 네 가지 괴로움으로 '낳는 괴로움, 늙는 괴로움, 병드는 괴로움, 죽는 괴로움(生苦 病苦 老苦 死苦)' 을 벗어나야 한다. 또한 네 가지 괴로움인 '사랑하는 사람과 헤어져야 하는 괴로움, 미워하는 사람과 만나거나 살아야 하는 괴로움, 구하여도 얻지 못하는 괴로움, 색(色) · 수(受) · 상(想) · 행(行) · 식(識)의 오음(五陰)에 탐욕과 집착이 번성하므로 괴로움(愛別離苦 怨憎會苦 求不得苦 五盛陰苦)' 이다. 그러면 생사에 자유자재를 얻어 해탈의 열반에 들 수 있다.

송(頌)하기를

①

十歲風船造 십세풍선조　열 해에 바람 배를 만들어서
蒼天宇宙浮 창천우주부　푸른 하늘 우주에 띄우고
淸茶盈溢載 청다영일재　맑은 차 가득 넘치도록 실어
三界脫塵遊 삼계탈진유　삼계에 속진을 벗어나 노니리.

②

世上爰多苦 세상원다고　세상은 이에 괴로움이 많으니
斯身實有因 사신실유인　이 몸에 실지로 원인이 있네
能修能脫遂 능수능탈수　능히 닦아 능히 해탈을 성취해야
始做自由人 시주자유인　비로소 자유로운 사람이 되리라.

전체의 의미를 간추리자면 불교가 되었든 원불교가 되었든 간에 자력적인 종교는 깨달음이 우선이다. 만일 깨달음이 없으면 자유자재하는 해탈(解脫)을 이룰 수가 없고 열반(涅槃)을 얻을 수도 없다. 만일 이런 해탈이나 열반을 얻지 못한다면 걸리는 것이 많고 막히는 것이 많을 수밖에 없다. 자유의 길, 자재의 길은 오직 깨달음으로부터 시작한다고 하여도 지나친 말이 아니다.

우리는 마음을 주체로 하는 공부를 해야 한다. 즉 마음이 깨쳐지고 열려야 한다. 그러면 대지허공을 마음대로 내고들일 수 있다. 마음의 허공, 마음의 대지를 내가 알아서 부릴 수 있어야 한다. 그러면

부처나 조사나 성인이 내 손바닥에 구슬처럼 영롱하게 드러난다.

종교의 궁극적인 목적은 자재(自在)요 자유(自由)이다. 물질이나 육신, 정신이나 마음, 생(生)과 사(死), 해탈(解脫)과 열반(涅槃), 중생과 부처, 진리와 현상 등등, 자유자재의 노정(路程)을 가르치지 않고 오증(悟證)의 길을 제시함이 없다면 종교라고 할 수가 없다. 그러므로 법계와 아울러 우주를 주름잡고 살 수 있는 지혜의 능력을 갖추어야 한다.

송(頌)하기를

①

地中金玉韞 지중금옥온　땅 가운데 금과 옥이 감춰졌고
心裏十方藏 심리십방장　마음속에 시방이 갈무렸으니
理體成醒得 이체성성득　진리 바탕 깨쳐 얻음을 이루면
無縈自在颺 무영자재양　얽힘이 없는 자재로 나르리라.

②

法界心中在 법계심중재　법계가 마음 가운데 있고
佛陀性裏存 불타성리존　부처가 성품 속에 있어라
修行深大積 수행심대적　수행을 깊고 크게 쌓으면
宇宙最爲尊 우주최위존　우주에서 가장 높이 된다네.

③

聖賢心裏在 성현심리재　성현이 마음속에 있고

佛祖性中存 불조성중존　부처와 조사 성품 가운데 있네
妙理無非有 묘리무비유　오묘한 진리 있지 않음 없으니
十方爪上痕 시방조상흔　시방이 손톱위의 흔적이어라.

제三편

대정진 적공하자

이 의두(疑頭) 성리(性理)로 교단백주년을 앞두고 대정진(大精進) 대적공(大積功)하자. 양계(陽界)의 인증(認證)과 더불어 음계(陰界)의 인증이 막 쏟아져야 한다.

1. 의 두(疑頭)

화두(話頭) · 공안(公案)과 같은 뜻. 일원상의 진리를 깨치기 위해 갖는 큰 의심. 정기훈련 11과목의 하나로서, 대소유무의 이치나 시비이해의 일 또는 과거 불조의 화두 중에서 의심나는 제목을 선택하여 깊이 연구하는 것. 《정전》 '정기훈련법' 에서 "의두는 대소유무의 이치와 시비이해의 일이며, 과거 불조의 화두 중에서 의심나는 제목을 연구하여 감정을 얻게 하는 것이니, 이는 연구의 깊은 경지를 밟는 공부인에게 사리 간 명확한 분석을 얻도록 함이요" 라 했다. 그러므로 수행인의 근기 따라 의두는 각각 다를 수가 있다.

《정전》에는 '의두요목' 20개(《정전》 의두요목)가 선택 제시되어 있다. 의두는 불보살이 깨친 오묘하고 불가사의한 진리의 세계를 말로서는 어떻게 표현해서 가르치기 어렵기 때문에 방편으로써 어떤 문제를 제기하여 그것을 계속 연마하고 궁구하여 마침내 진리를 체득하게 하는 방법이다.

소태산대종사가 의두를 정신수양 과목이 아닌 사리연구 과목에 두었다는 점이 특징이라 할 수 있다.

2. 성 리(性理)

우주만유의 본래 이치와 인간의 자성원리를 궁구하는 공부법으로 사리연구의 한 과목이다. 성리란 성리학의 성(性)과 이(理)에서 나온 말로, 성즉리(性卽理)라고 한다. 인성과 천리를 하나로 보아 마음의 성(性)과 심(心), 우주의 이(理)와 기(氣)를 논한다. 불교에는 마음의 근본을 불성(佛性) 또는 자성(自性)이라 하는데, 이를 선종에서는 화두를 간(看)하여 견성을 구하는 간화선(看話禪), 자성을 적묵영조(寂默靈照)하여 적적성성(寂寂惺惺)한 경지에 이르게 하는 묵조선(默照禪)이 발달했다. 원불교의 성리는 성리학과 선종의 가르침을 다 포함한다.

1) 성리의 중요성

《정전》'정기훈련법'에서는 "성리란 우주만유의 본래 이치와 우리의 자성원리를 해결하여 알자 함이라"고 정의한다. 이의 중요성이 《대종경》에 성리품을 둔 데서도 나타나는데, 소태산대종사는 "종교의 문에 성리를 밝힌 바가 없으면 이는 원만한 도가 아니니 성리는 모든 법의 조종(祖宗)이 되고 모든 이치의 바탕이 되는 까닭이니라."(《대종경》성리품9)고 하여, 모든 법의 근본과 모든 이치의 바탕이 성리에서 이루어진다고 보았다. 결국 근원적인 이치, 곧 일원상의 진리를 깨쳐서 활용해 가는 것이 성리를 궁구하는 목적이다. 소태산은 지금까지의 모든 종교 교리체계가 성리에 근거한 경우도 있고 그렇지 못한 경우도 있으며, 성리에 근거한 경우에도 성품을 깨치는데 중심을 두고 성품을 활용하는 면이 부족한 면이 있다고 보았다. 불교는 성리의 혜(慧)에 근거를 했고, 성리학은 성리의 체(體)에 근거를 두었는데, 소태산은 이를 한 면에 치우친 것이라 보았다. 성리가 모든 법의 조종이라는 것은 모든 법의 근본이라는 뜻이므로, 기존의 장엄종교가 성리에 바탕한 절대적 진리의 종교로 거듭나야 한다고 했다.

2) 원불교의 성리

소태산은 "근래에 왕왕이 성리를 다루는 사람들이 말 없는 것으로만 해결을 지으려고 하는 수가 많으나 그 것이 큰 병이라 참으로 아는 사람은 그 자리가 원래 두미(頭尾)가 없는 자리이지마는 두미를 분명하게 갈라 낼 줄도 알고 언어도(言語道)가 끊어진 자리지마는 능히 언어로 형언할 줄도 아나니"(《대종경》 성리품25)라고 했다. 성품은 원래 언어의 도가 끊어진 자리이지마는 분명하게 드러낼 줄도 알아야 한다. 과거의 성리가 주로 성품의 체를 밝힌 것이라면 소태산은 묘유의 용까지 밝혔다. 진공의 체와 묘유의 용을 하나로 밝힌 것이다.

공(空)의 체를 철저히 깨쳐 체험했을 때, 묘유의 용은 철저한 진공의 체험에서 나타나므로 성품의 체를 밝히는 데 머물지 않고 활용해야 한다. 묘유로 용을 삼으면 진공이 바로 묘유가 된다. 일원상의 진리를 언어도단의 입정처로 철저히 깨쳐서 유무초월의 생사문으로 설명할 수 있어야 한다.

소태산은 "사람의 성품이 정한즉 선도 없고 악도 없으며, 동한즉 능히 선하고 능히 악 하나니라."(《대종경》 성리품2)고 했다. 불교에서는 성품을 선과 악이라 하지 않고 미(迷)와 오(悟)로 밝힌다. 미는 중생의 상태이며, 오는 부처의 상태이다. 성리학에서는 인성의 문제를 선악론으로 다루는데, 소태산이 성품을 지극히 고요하다고 한 것은 분별성과 주착심이 없는 경지를 말한 것이며, 그러므로 선도 없고 악도 없다는 것이다. 이를 성론으로 표현하면 무선무악(無善無惡)이다. '성품이 정한즉, 동한즉' 이란 성품을 '정한 면으로 보면, 동한 면으로 보면' 이라는 의미이다. 성품을 체와 용으로 분리하면 안 된다. 왜냐하면 체와 용은 성품을 이해하기 위한 방법일 뿐이기 때문이다.

'능선능악(能善能惡)' 은 선과 악으로 나타나게 하는 성품의 작용을 말한다. 능선능악은 업력으로 지은 선과 악을 나타나게 하는 능동적인 작용이다. 성리학에서는 선과 악으로 나타난 상태를 유선유악(有善有惡)이라고 한다. 이(理)에서 받은 것은 순선무악(純善無惡)하지만 기(氣)의 청탁(淸濁)으로 나타난 것이 유선유악이다. 그러므로 원불교에서는 성리학의 순선무악 · 유선유악과 불교의 무선무악을 넘어선 능선능악(能善能惡)을 말한다. 성품은 정한 면으로 보면 무선무악이며 동한 면으로 보면 능선능악인 것이다.

3. 대정진(大精進)

정진(精進)이란 梵文 :वरिय्ा, viriya, 巴利文 : viriya 곧 비리야(毘梨耶), 미리야(尾唎也)인데 번역하여 '부지런하다(勤)' 는 뜻으로 보살이 수행하는 육바라밀, 또는 팔정도 중의 하나이다. 이는 '순일하고 물들지 않는 마음으로 항상 부지런히 꾸준히 나아가는 것이다.' 그러나 '닦는다는 생각(能;능)과 닦는 것(所;소)이 있어서는 안 된다.' 고 말한다. 즉 '함이 없이 하는 것' 이 바로 정진이라고 한다.

우리는 흔히 용맹정진(勇猛精進)을 하자고 하는데 불교의 입장은 일체지를 얻기 위한 37조도법(助道法)을 닦으며, 악마를 항복받아야 한다. 보리심을 일으키며, 중생을 구제해 생사의 바다로 부터 벗어나게 되고, 온갖 악도에 떨어뜨리는 여러 가지 번뇌를 없애며, 무지(無智)를 무너뜨리고, 모든 부처님께 싫증을 내지 않고 공양하며, 부처님의 가르침을 받아 지니고, 온갖 장애의 산을 파괴하며, 중생을 교화해 완성시키고, 온갖 부처님의 국토를 장엄해야 한다고 말하고 있다.

경전에서 말하는 정진에 대해서 몇 개만 간추린다면 다음과 같다.

첫째, 《대지도론(大智度論)》 80권에서는 '정진이란 마음을 법에서 단련하여 게으르지 않는 것을 이른다. 법문에서와 같이 재물에 이르면 보시 등에 쓰는 것이 몸의 정진이 되는 것이요, 아끼고 탐하는 등 악한 마음을 끊고 들지 않는 것이 마음의 정진이다.(精進者 謂心練于法而不懈怠 如法致財而用于布施等 爲身精進 斷慳貪等惡心使不得入者 爲心身精進)' 고 하였다.

둘째, 《입아비달마론(入阿毘達磨論)》에서는 '하려는 바람과 구함으로 사업하는 것을 이름이니 정진을 따라서 내가 마땅히 이와 같이 사업을 하는 것을 이름이라.(欲爲希求所作事業 隨順精進 謂我當作如是事業)' 고 하였다.

셋째, 현장(玄奘)이 번역한 《아비달마구사론(阿毘達磨俱舍論)》 4권에 '부지런함이란 마음으로 하여금 용감하고 모질게 노력하는 것을 본질로 삼는다.(勤謂令心勇悍爲性)' 고 하였다.

넷째, 《성유식론(成唯識論)》 6권에 오종정진(五種精進)에 대하여 말하고 있다.

① 피갑정진(被甲精進)이라. 최초의 용맹하고 강열한 서원의 마음으로 먼저 투구와 갑옷을 입은 뒤에 적을 보는 것과 같이 갖가지 어려운 수행을 두려워하지 않고 모든 수승한 행을 닦음을 이름이다(謂于最初發勇猛强烈之誓願心 如先着盔甲而後見賊 不怖種種難行修諸勝行).

② 가행정진(加行精進)이라. 견고하고 용감하고 모진 방편을 내고 일으켜서 그 마음을 경책하고 독려하여 결정코 용감하게 수행함을 이름이다(謂生起堅固勇悍之方便 以策勵其心 決定勇行).

③ 무하정진(無下精進)이라. 스스로 경멸하지 않고 또한 두려워하지 아니하여 능히 다시 용감하게 독려를 내어 겁내고 아래 하는 마음이 없음을 이름이다(謂不自輕蔑 亦不畏懼 能更生勇勵而無怯下之心).

④ 무근정진(無根精進)이라. 능히 혹한이나 염열 등의 고통을 받더라도 참음을 이름이다(謂能忍受酷寒炎熱等苦).

⑤ 무족정진(無足精進)이라. 하열한 선이라도 싫어하거나 만족함이 없이 기쁘게 최상의 수승한 공덕을 구함을 이름이다(謂于下劣之善無厭足 欣求最上之勝功德).

다섯째, 《대승장엄경론(大乘莊嚴經論)》에서 오종정진(五種精進)을 말하고 있다.

① 홍서정진(弘誓精進): 큰 서원을 세워 굳게 결의하여 행하는 정진이다.

② 발행정진(發行精進): 온갖 선심을 발해 실천으로 옮기는 정진이다.

③ 무하정진(無下精進): 천하고 비열한 마음 없이 나아가는 정진이다.

④ 무염정진(無厭精進): 싫어함이 없는 마음으로 나아가는 정진

이다.

⑤ 부동정진(不動精進): 추위나 더위 따위의 괴로움을 능히 이겨 흔들림 없는 정진이다.

이와 같이 정진은 단순한 노력만을 의미하는 것이 아니라 자신을 위한 수행에서는 물론, 이타적(利他的)인 보살행으로 사회정화의 선두에 서서 모든 고난을 무릅쓰고 끝까지 성공하고야 말겠다는 단호한 정신력을 포함하고 있다. 그러나 보살의 정진에는 수많은 장애가 따르므로 신라의 원효(元曉)는 정진에 앞서, 또 정진 중에라도 참회(懺悔)로써 제악업장(諸惡業障)을 없애고, 권청(勸請)으로 바른 진리를 비방함이 없게 하며, 수희(隨喜)로써 남을 누르고 이기고자 하는 질투심을 막고, 회향(廻向)으로 모든 파멸할 운명에 있는 일체의 것에 대한 욕심과 집착을 막아내야 한다고 주장하였다. 또한, 우리나라의 선문(禪門)에서는 교문(敎門)에서의 이와 같은 정진과는 달리 천진함을 유지하는 것을 제1의 정진으로 삼고 있으며, 정진을 하면서 정진하고 있다는 생각에 빠지는 것이 정진의 제일 큰 병이라 보고 있다.

4. 대적공(大積功)

대적공이란 첫째는 오래 오래 수행 정진하는 것을 말한다. 즉 삼학 수행을 병진하여 삼대력을 갖출 때까지 심고 · 기도 · 염불 ·

좌선 등으로 심공(心功)을 쌓기 위해 용맹 정진하는 것을 의미 한다.

둘째는 어떠한 일을 성취하기 위해 많은 공을 들이는 것을 말한다. 즉 덕을 베풀고 공(功)을 이루어 많은 공적을 쌓는 것을 의미한다.

셋째는 적덕누공(積德累功)을 말한다. 적덕(積德)이란 한 푼 두 푼의 돈을 모으면 점점 쌓이고 점점 많아지는 것과 같다. 또한 누공(累功)이란 담장을 만드는데 벽돌을 올리면 점점 쌓이고 점점 높아지는 것과 같다는 의미이다.

그러므로 '덕을 만일에 쌓기를 떠나지 아니하면 덕이 숭고(崇高)함인 줄도 알지 못하는데 까지 나아가게 되고, 공을 만일에 쌓기를 떠나지 아니하면 공이 증대되는 줄도 알지 못하는데 까지 나아가게 된다.(德若是不去積 德就不會崇高 功若是不去累 功就不會增大)' 고 하였으니 공덕 쌓기를 쉬지 아니하면 현성(賢聖)의 반열에까지 오를 수 있다.

5. 양계(陽界)

양계란 첫째는 사람이 사는 세상, 또는 이 세상을 말한다.

둘째는 수중(水中) 세계에 맞대어 말하는 육지 세계를 이르는 말이다.

셋째는 양계, 곧 인간을 가리킨다(陽界卽指人間).

6. 인증(認證)

인증(認證)이란 어떠한 문서나 행위가 정당한 절차로 이루어졌다는 것을 공적 기관이 증명하는 것을 말한다.

7. 음계(陰界)

음계란 첫째는 곧 음간(陰間)을 말한다

음간은 사후세계를 가리킨다(陰間指死後世界).

둘째는 옛 사람은 죽은 자가 사는 곳을 유명이라(古人以死者之居所爲幽冥). 춘추시대(春秋時代)에 구유(九幽), 또는 구천(九泉)과 같은 말이며 유명(幽冥), 음사(陰司), 음부(陰府), 유도(幽都), 명계(冥界)이며 희랍(希臘)의 하데스(Hades 죽은 자들의 나라)와 같은 말이기도 하다.

셋째는 유도(幽都)는 곧 유명도부(幽冥都府)를 말한다. 《초사 · 초혼(楚辭 · 招魂)》에 '혼이여 돌아오라. 그대는 저승에도 갈 수 없네(魂兮歸來 君無下此幽都些)' 라 하였다. 또한 《예기(禮記) · 교특생(郊特牲)》 '혼기(정신)는 하늘로 떠나가고, 형백(육신)은 땅으로 떠나간다.(魂氣歸於天 形魄歸於地)' 고 하였는데 그 주석에 '혼은 신이요 양이며 기이다. 백은 정이요 음이며 형이다(魂者 神也 陽也 氣也. 魄者 精也 陰也 形也)' 고 하였다.

넷째는 중음계(中陰界)를 중유계(中有界)라고도 한다. 사람이 죽은 뒤에 다음 생을 받아 태어날 때까지의 49일 동안 머무는 세계를 말한다. 극히 선한 업이나 극히 악한 업을 지은 사람은 중음계에 머물지 않으나, 보통의 경우에는 이 중음계에 있는 동안에 다음 생의 과보가 결정 된다고 한다.

■ 해 의

대산 종사가 "양계(陽界)의 인증(認證)과 더불어 음계(陰界)의 인증이 막 쏟아져야 한다." 고 하였다.

우리가 양계의 인증이라는 것은 우선 원불교라는 교단에 대하여 사회나 국가에서 종교의 본연(本然)을 잃지 않았다고 인증하고 사람들도 건실한 종교라고 인증을 하며 믿음을 갖는다면 원불교를 선택하겠다는 사람들이 많아지고 있다.

또한 이미 교당에 다닌 사람들은 원불교를 신앙한 뒤에 확실히 달라져서 주위 사람들로부터 신뢰를 얻어가는 자체가 바로 양계의 인증을 받는 것이라고 할 수 있다.

따라서 음계의 인증이라는 것은 우리의 구인선진들이 사무여한(死無餘恨)의 기도를 통해서 백지혈인(白指血印)의 이적(異蹟)을 나툼이 그 증거이다. 즉 우리 교단이 허공법계로부터 일원진리를 드러내고 교법을 세우며 중생제도로 낙원건설의 지엄(至嚴)한 사명을 받아 확실하게 자리매김을 하게 되었으니 이것이 음계의 인증이라고 할 수 있다.

이에 대종사께서는 "그대들의 마음은 천지신명이 이미 감응하였고 음부공사가 이제 판결이 났으니 우리의 성공은 이로부터 비롯하였도다."고 하였다.

밤이 익을 무렵 밤나무 밑을 가보면 밤들이 많이 쏟아져 있다. 더구나 밤나무를 흔들면 더 많이 쏟아진다. 아직 덜 익은 밤도 따라서 쏟아져 떨어진다. 또한 참깨를 털어보면 참깨가 막 쏟아진다. 참깨다발을 조금만 흔들어도 저절로 막 쏟아진다.

이와 같이 진리적종교의 신앙과 사실적도덕의 훈련을 통해서 오리(悟理)를 하고 복성(復性)을 하며 혜복(慧福)을 갖추고 자비(慈悲)를 갈무리며 은혜(恩惠)을 간직하고 인애(仁愛)를 품은 도인들이 무수히 쏟아져 나오게 된다는 의미이다.

이는 심청이가 봉사인 아버지를 위해 공양미 300석을 부처님께 받치고 인당수(印塘水)에 몸을 던졌는데 부생(復生)하여 황후가 되었다. 아버지의 눈을 띄우려고 전국의 봉사를 대접하는 잔치를 열었는데 아버지를 만나 아버지의 눈이 뜨이니 잔치에 모인 모든 봉사의 눈이 따라서 떠졌고 아울러 전국의 봉사들의 눈도 저절로 떠지게 되었다 한다.

이와 같이 대산 종사님이 제시한 대적공실 6조를 잘 공부하면 진리의 눈이 떠지지 않는 사람은 없게 된다.

제 四 편
결 어

양사언(楊士彥)의 시조에

「태산이 높다 하되 하늘 아래 뫼이로다

오르고 또 오르면 못 오를 리 없건마는

사람이 제 아니 오르고 뫼만 높다 하더라.」

(泰山雖高是亦山 登登不已有何難 世人不肯勞身力 只道山高不可攀)고 하였다.

우리가 영겁을 통해 오르고자 하는 곳은 에베레스트(Everest)의 산, 또는 한라산이나 백두산이 아닌 오직 혜복(慧福)을 두루 갖춘 대각여래위(大覺如來位)의 불지(佛地)이다.

소태산대종사란 주불(主佛)이 이 땅에 오시고 원불교란 종교의 문을 엶은 일체 생령을 광대 무량한 낙원(樂園)으로 인도하자는데 일차적인 목표가 있고 이차적인 목표는 개개성불(箇箇成佛)을 이루게 하자는데 더 큰 무게가 실려 있다하여도 과언이 아니다.

아무리 낮은 산이라 할지라도 오르지 않으면 정봉(頂峯)에 설 수 없고 반면에 아무리 높은 산이라도 오르면 정상에 설 수 있다. 그런데 보통 사람들은 올라보지도 않고 미리 '나는 절대 오를 수 없다' 고 포기를 한다. 이런 사람은 아무리 낮은 산이라도 오를 수 없다.

《논어(論語)》 옹야(雍也)에 염구(冉求)가 말하기를 " '저는 선생님의 도를 좋아하지 않는 건 아니지만 힘이 부족합니다.' 하니 공자가 말씀하기를 '힘이 부족한 사람은 중도에 그만두는데 지금 너는 선을 긋는구나.('非不說子之道 力不足也' 子曰 '力不足者 中道而廢 今女畵')"라 하였다.

사람이 어떤 일을 할 때 힘으로 하는 수도 있지만 하려는 의지(意志)를 가지고 하는 수가 많이 있다. 설사 힘은 부족함이 있을지라도 하려는 열의(熱意)가 있으면 어떤 일이든지 이뤄낼 수가 있다.

우리가 공부를 하는데 있어서도 '나는 할 수 없다.' 고 자포자기(自暴自棄)를 하면 실지로 공부를 할 수 없지만 '나는 할 수 있다.' 고 각심(刻心)을 가지면 성취하지 못할 공부는 없다.

안연(顔淵)이 말하기를 '순임금은 어떤 사람이며, 나는 어떤 사람인가? 함이 있는 사람은 또한 이와 같다(舜何人也 予何人也 有爲者亦若是)' 고 하였다. 순이 성군(聖君)이요 또한 성인이지만 하려는 마음만 먹으면 얼마든지 될 수가 있다는 뜻이다.

그러므로 우리는 사람의 몸을 얻기도 어렵고 사람의 몸을 얻어 세상에 태어나기도 어렵고 세상에 태어났다 할지라도 주세성자를 만나기는 더욱 어려운 것인데 우리는 사람이 되었고 세상에 태어났으며 주세성자를 만나 일원의 진리를 알고 정법을 알았으며 회상에 들어와서 제생의세(濟生醫世), 성불제중(成佛濟衆)의 공도사업을 하고 있으니 천행(天幸) 중에 천행이 아닐 수 없다.

뫼가 아무리 높아도 오르면 오르게 된다. 또한 스스로 한계를 짓지 않으면 넘을 수 있다. 또한 되려는 의지만 있다면 성공을 이뤄지는 것이 바로 진리임을 알아서 쉬지 않아야 한다.

송(頌)하기를

①

合抱之鴻木 합포지홍목　아름드리의 큰 나무도
極些種子生 극사종자생　지극히 작은 종자에서 나왔어라
做賢人顯世 주현인현세　어진 사람이 되어 세상에 드러남은
故意志心勍 고의지심경　마음의 의지가 굳세었기 때문이리.

②

九層高廣室 구층고광실　구층의 높고 넓은 집일지라도
建築一微塵 건축일미진　하나의 작은 티끌에다 건축하였네
迷惑人成佛 미혹인성불　미혹한 사람이 부처를 이룸은
初心不變臻 초심불변진　처음 마음을 변치 않아서 이름이리.

③

千里遷人者 천리천인자　천리를 옮겨가는 사람은

步行足下端 보행족하단　보행이 발아래에서 실마리네
泰山雖險麓 태산수험록　태산이 비록 험한 기슭이라도
盡力陟非難 진력척비난　힘을 다해 오르면 어렵지 않으리.

* 양사언(楊士彦, 1517[중종 12]~1584[선조 17])의 작품이다. 양사언은 조선 전기의 문인이요 서예가이다. 본관은 청주(淸州). 자는 응빙(應聘), 호는 봉래(蓬萊) · 완구(完邱) · 창해(滄海) · 해객(海客)이다. 주부인 희수(希洙)의 아들이다. 형 사준(士俊), 아우 사기(士奇)와 함께 문명을 떨쳐 중국의 미산삼소(眉山三蘇)에 견주어졌고, 아들 만고(萬古)도 문장과 서예로 이름이 전한다.

1546년(명종 1) 문과에 급제하여 대동승(大同丞)을 거쳐 삼등 · 함흥 · 평창 · 강릉 · 회양 · 안변 · 철원 등 여덟 고을의 수령을 지냈다. 자연을 즐겨 회양군수로 있을 때는 금강산에 자주 가서 경치를 완상하였으며, 만폭동(萬瀑洞)의 바위에 '봉래풍악원화동천(蓬萊楓嶽元化洞天)' 이라 새겨진 그의 글씨가 지금도 남아 있다. 안변군수로 있을 때는 선정으로 통정대부(通政大夫)의 관계(官階)를 받았고, 북변의 병란을 예지하고 마초를 많이 비축하여 위급을 구하기도 하였다.

그러나 지릉(智陵)에 일어난 화재의 책임을 지고 해서(海西)로 귀양 갔다가 2년 뒤 풀려 돌아오는 길에 죽었다. 그는 40년간이나 관직에 있으면서도 전혀 부정이 없었고 유족에게 재산을 남기지도 아니

하였다.

그의 글씨는 해서와 초서에 능하여 안평대군(安平大君) · 김구(金絿) · 한호(韓濩)와 함께 조선 전기 4대 서예가로 일컬어졌으며, 특히 큰 글자를 잘 썼다. 한시는 작위성이 없고 자연스러워 천의무봉(天衣無縫)이라는 평판이 있었다.

가사(歌辭)에 어떤 여인의 아름다움을 읊은 〈미인별곡 (美人別曲)〉과 을묘왜란(乙卯倭亂) 때 남정군(南征軍)에 종군하고 읊은 〈남정가(南征歌)〉가 있으며, 이밖에 시조 "태산이 높다 하되 하늘 아래 뫼이로다 오르고 또 오르면 못 오를 리 없건마는 사람이 제 아니 오르고 뫼만 높다하더라."는 지금도 널리 애송되고 있다.

한편, 그는 남사고(南師古)에게서 역술(易術)을 배워 임진왜란을 정확히 예언하기도 하였다고 전한다.

문집으로 《봉래집(蓬萊集)》이 있고, 유묵으로 그가 지은 〈미인별곡(美人別曲)〉과 허강(許橿)이 지은 〈서호별곡(西湖別曲)〉이 연세대학교 도서관에 소장되어 있다.

대산종사의
『대적공실(大積功室)』 법문해의

■

지은이 | 오광익

■

초판발행 2016년 1월 1일

■

펴낸이 | 길명수
펴낸곳 | 배문사
출판등록 1989년 3월 23일, 제10-312호
주소 서울시 서대문구 경기대로 76
전화 (02)393-7997
팩스 (02)313-2788
e-mail pmsa526@empas.com

■

ⓒ 오광익, 2016

ISBN 978-89-87643-98-4(03230)

값 13,000원

* 낙장 및 파본은 교환하여 드립니다.